红色经典系列

我的一家

陶承——————口述
何家栋 赵洁——————执笔

中国工人出版社

图书在版编目（CIP）数据

我的一家 / 陶承口述；何家栋，赵洁执笔. —北京：中国工人出版社，2021.3

ISBN 978-7-5008-7627-4

Ⅰ.①我… Ⅱ.①陶… ②何… ③赵… Ⅲ.①陶承—回忆录 Ⅳ.①K827=6

中国版本图书馆CIP数据核字（2021）第039981号

我的一家

出 版 人	王娇萍
责任编辑	姚　宁　王学良
责任印制	黄　丽
出版发行	中国工人出版社
地　　址	北京市东城区鼓楼外大街45号　邮编：100120
网　　址	http://www.wp-china.com
电　　话	（010）62005043（总编室） （010）62005039（印制管理中心）
发行热线	（010）62005996　82029051
经　　销	各地书店
印　　刷	北京美图印务有限公司
开　　本	880毫米×1230毫米　1/32
印　　张	4.625
字　　数	86千字
版　　次	2021年4月第3版　2024年1月第3次印刷
定　　价	20.00元

—— 编者的话 ——

二十世纪五六十年代，工人出版社出版了一批革命历史人物传记，如《把一切献给党》《我的一家》《赵一曼》等，伴随了几代人的成长。这些作品至今已经畅销数百万册，有的甚至超过千万册，为广大读者所喜爱，显示了强大的生命力和影响力。

而今，我国社会主义建设在各个领域取得了举世瞩目的成就，已经全面建成小康社会，人民群众正行进在不断追求美好幸福生活的康庄大道上。久经磨难的中华民族迎来了从站起来、富起来到强起来的伟大飞跃，迎来了中华民族伟大复兴的光明前景。然而，这一切是多么来之不易。从十九世纪中期的鸦片战争开始，内外交困、苦难深重的中国人民经历了太平天国、义和团运动、洋务运动、维新变法、辛亥革命、新文化运动、北伐战争、土地革命、抗日战争、解放战争等重大历史进程，在自救和自强的道路上苦苦求索。历史最终选择了中国共产党，选择了社会主义道路。

在建立和建设社会主义现代化中国的过程中，无数的中华儿女献出了自己的热血和生命。我们不应忘记欧阳梅生和他的妻子儿女在大革命期间的巨大牺牲，不应忘记年轻漂亮、能文能武的女英雄赵一曼在抗日战争时期红枪白马的英姿，也不应忘记普通煤矿工人出身的“中国的保尔”吴运铎身上所迸发出来的坚强意志……这些为中华民族伟大复兴作出重大贡献和牺牲的英勇无畏、奋发向上、可敬可爱的革命者和建设者们，将永远镌刻在共和国历史丰碑上。

2021 年 2 月，习近平总书记在党史学习教育动员大会上指出：在一百年的非凡奋斗历程中，一代又一代中国共产党人顽强拼搏、不懈奋斗，涌现了一大批视死如归的革命烈士、一大批顽强奋斗的英雄人物、一大批忘我奉献的先进模范，形成了一系列伟大精神，构筑起了中国共产党人的精神谱系，为我们立党兴党强党提供了丰厚滋养。要教育引导全党大力发扬红色传统、传承红色基因，赓续共产党人精神血脉，始终保持革命者的大无畏奋斗精神，鼓起迈进新征程、奋进新时代的精气神。

值此中国共产党成立一百周年、全党开展党史学习教育之际，我社再版重印《把一切献给党》《我的一家》《赵一曼》等红色经典作品。让我们重温经典，在回顾历史中不忘来时路，听党话、跟党走，让“把一切献给党”成为永恒的主题。

序　一

这本《我的一家》反映着大革命失败后我们的党对敌斗争的真实故事。它反映着共产主义者不分男女大小均能机智勇敢地应付敌人。这是公而忘私、国而忘家的典型之一。毛主席的一家、蔡和森同志的一家及其他等等不可胜数的革命家庭，他们均具有我为人人、人人为我的自我牺牲的高贵品质。

《我的一家》实例教育，激起人们对于反革命屠杀人民的异常愤怒，对于为人类谋解放而英勇牺牲的同志的无限敬仰，由此更加强了我们的爱国热情。在我国轰轰烈烈建设社会主义及反对美国帝国主义侵略的今日，我们必须发扬先烈们那种坚决勇敢舍身为国的英勇精神，这就是《我的一家》出版的现实意义。

徐特立

一九五八年九月十四日

序　二

在延安，断断续续地听到陶承同志谈她的家，也听到一些同志谈到她的儿子立安同志当小交通员时的机警的故事。现在，她把这些事写成书了。这是一本好书。不只是叙述了她的一家，而是通过她的书，可以看到帝国主义、封建主义、官僚资本主义统治的社会是何等的残暴和黑暗。看到工人阶级的儿女、贫苦的知识分子、共产党员为着推翻黑暗统治、解放被压迫阶级以至全人类，艰苦奋斗、前仆后继：丈夫倒下了，妻子更坚强起来；父亲倒下了，年轻的儿女更勇敢地跑上前线。这是具有何等的高贵品质！他们相信胜利，但并未计算及自身能看到胜利，他们知道胜利是要用血去换取的。

欧阳梅生同志，我只见过他一面，那是在他负责汉阳县委时的一次会议上。立安同志当小交通员、送《大江报》，我是当时《大江报》的编辑之一，环境恶劣，编报、印报、发报，都是单线，很遗恨，我没见过这位勇敢机警的少年斗士。

陶承同志没正式上过学，但曾从梅生同志学过诗。她说，梅生教书的那个地主家，园林很美，夜里，梅生改课卷，她在做针线，两人推窗一望，月色朦胧，树影池光，苍翠欲滴。梅生念了几句诗：

夜静寻诗味，闲谈仔细评，
共怜秋月老，山塘翠已深。

陶承同志说：当时的情景，确使我两人沉醉在自然的怀抱里，我还不懂诗，但诗的调子，至今记得，可能有记错了的字。这里，可以看到这一对青年夫妇是如何地热爱祖国的美好山河，想在这里面自由地劳动和生活。但是，当时的社会不允许他们这样，于是只好走上改造社会的路。

陶承同志说，一天她读《红楼梦》中林黛玉的《葬花词》，读到“一朝春尽红颜老，花落人亡两不知”，梅生在旁听着，流了泪。又过了若干年，梅生同志逝世好久了，我看到陶承同志写的孤燕诗：

梁上有孤燕，晨去暮归来；
不知说何事，喳喳费我猜。
玫瑰红朵朵，青春能几回；
回忆当年事，犹然令人悲。

梅生、陶承都是贫苦的孤儿，对旧社会只有怨恨，没有留恋，他们真挚的爱情，发展而成为巩固革命斗志的纽带，因而培养出革命的后代，是完全可以理解的。

一九四七年胡宗南匪军进攻陕甘宁边区，我们一方面聚歼胡宗南二十多万所谓精锐部队于边区山地，另一方面开始在东北、华北进行大规模的解放战争，中央机关东移。陶承同志虽然在前几年的东征中失去了她可爱的最小的儿子，此时却心怀开朗，写了几首《红云曲》：

朵朵红云直向东，荷花出水满池中；
迎风娇艳清香意，白藕莲心味更浓。

朵朵红云直向东，黄河对岸炮轰轰；
消灭刘戡几个旅，人民军队是英雄。

朵朵红云直向东，传来捷报喜重重；
土改狂潮灭封建，南北东西正反攻。

母亲的情怀，比莲心还苦；革命的胜利，比花朵还香。陶承同志可以自慰了。

亲爱的读者们，男女青年同志们，陶承同志的家，不过是成千成万牺牲奋斗的革命家庭之一，她家牺牲的人不过是成千成万先烈英雄人物中之几。正是他们的血，取得了六亿人民的解放。我们常说踏着烈士的血迹前进，这句话，在当时讲：一个人倒下去了，更多的人站起来，埋葬了伙伴的尸体，揩干了身上的血，立即又进入战斗；在现在讲：无数先烈的血，奠定了改造半封建半殖民地的社会、建立繁荣幸福的社会主义社会的道路，我们踏着这条路前进，应该更坚决，更勇敢，敢想、敢说、敢做，我们和流血的先烈，是心连着心的。

牺牲的人民英雄，永垂不朽！

谢觉哉

一九五八年九月八日

自　序

我的家庭是个大家庭，合起来有十七口人；我是一个退休的革命干部，儿子、儿媳在湖南矿山，女儿、女婿在武汉，大外孙女在航空学院学习，大孙女已进了中学，几个小点的正上小学，还有一个不满三岁的小孙子，一转眼就爬上桌子，打开收音机，要“听毛主席讲话”。

但是，我要讲的并不是这个家。因为要介绍这个家庭，只用“幸福”两字，就可以概括无余了。

我所要讲的“家”，是已经过去了的。也可以说是这个家庭的历史，特别是其中的几个成员：我的丈夫欧阳梅生，我的儿子欧阳立安和稚鹤。他们都是为了革命为了人民的事业，而贡献出自己的生命的。他们离开我们已经很久了！

我在家养老。平时只读读书，看看孩子。每逢假日，孩子们从学校回来，大家在藤萝架下闲谈，他们总是缠着我要我讲故事。而且，往往还有附带条件：“不听神话，要讲真的！”“要我们没听过的！”

我想，孩子是我们的未来，可是让他们知道一点我们的过去，懂得一点过去的艰辛，也并没有什么坏处。因为，他们生在幸福的社会主义时代，他们既不知道什么叫忧患，也不知道什么叫冻馁。然而这一切，都是他们的祖辈父辈，经过整整一代的浴血战斗，作了无数的牺牲，才争取到的。让孩子们温习一下家庭的历史，让他们由此知道一点新中国新社会缔造的艰难，让他们更加热爱今天的生活，更加勇敢地去创造未来吧！

为了纪念死者，更为了激励来者——这些年轻的孩子，我谈了本书中的故事。

一

我是个孤儿，从小不知有家，不知父母是谁，可是长到十七岁，忽然有个家了。

一九一一年三月十六日。清早起来，干娘就忙坏了。给我梳头，插花，戴耳环，换衣裳——我要出嫁了。

这一天，正是我的生日。照家乡的习俗，过生日这天，是不能动荤腥的。这是表示不忘父母养育的恩情。谁知竟选了这个日子叫我“过门”。干娘说，男方中了邪祟，病了几个月起不了床，急等着花轿上门冲喜呢！

家里并不像办喜事的样子，没有宾朋，也没有亲友，只有干娘一个人照料着我。亲属里只有一个当外科郎中的舅舅。他成天背着小木箱，东游西串，没个固定的住处，因此把我寄养在邻居（也就是干娘）家里。此后，我就很少见到他了。我跟干娘长大，干娘又送我去学刺绣，为我择婚；就是这几件嫁衣，也是干娘做的。她是我唯一的亲人。

“舅舅怎么还不来呢?”我问。

“快了吧?”干娘说，“昨天就着人找他去了。”

忽然，笙管唢呐响了，迎娶的花轿到了门前。我慌了，心跳个不住。干娘一把抱住我，哭了。

我还没来得及哭，舅舅闯了进来，二话不说，背起我就跑。他身上有一股酒气，大概是在什么地方喝醉了。

轿子里挺闷，头上又蒙着盖头，路上颠颠簸簸，把我搅得昏头涨脑，直想呕吐。走了十多里，进了城，转进一条小巷，轿子停下来。以后就是繁琐的仪式：拜天地，入洞房，坐床……我完全像个木头人，听人摆布。吃交杯茶的时候，有人送来了红枣、花生、桂圆、莲子……我稀里糊涂的，连核也吞下去了。我偷偷看了一眼，新郎也吃了，还吐核哩！不知是谁嚷了一声：“新娘子笑了!”于是，屋子里顿时喧笑连天，有人跺脚，有人怪叫。

正在这时候，新郎摇晃了一下，两边的人赶忙扶住，才没有跌倒。他的脸色苍白得可怕，嘴唇不住地哆嗦。不得不勉强结束仪式，叫人搀走了。

这一夜，我独自睡在陌生的新房里。

邪祟没有冲走，经一天的劳累，他的病更重了。

我的丈夫欧阳梅生，那时正在长沙第一师范读书，比我还小一岁。他也是自幼父母双亡，由祖母抚养大的。

过门不久，我就操持家务了。祖母治家很严，常为一点小事唠叨不休。淘米的时候，偶尔掉几粒米在地上，她也要拾起来，还嚷得四邻都能听见："不能这样糟蹋呀!"火烧旺了，她又嚷："这柴是钱买来的呀!"我真怕她。

幸好梅生还体贴人，背地里总安慰我说："祖母岁数大了，说你几句，不要见怪！你做你的，用不着怕。"可是他自己，在祖母跟前也不敢高声说话。

我们都还是毛孩子，贪玩，不懂事，祖母拘管得紧，每天要我们晨昏定省，问安三次。梅生下学回来，得先去请安，要是先进自己的卧室，她就生气。一生气就不正眼看人。晚上，她坐在角落里，捻着一串佛珠，闭上眼睛，不声不响，像是参禅的样子，我们也只好陪她打坐，一动不动。

我真困了，打了个哈欠。

祖母睁开眼，狠狠瞪我一下，又入定了。

梅生趁这个机会，活跃起来，做出各种怪相，跟我传送消息；看我不懂，比画得就更起劲。后来连他自己也忍不住扑哧一声笑了。

"轻薄!"祖母气哼哼地说，这回没有睁开眼睛。接着做个不耐烦的手势，那是叫我们走开。

我们就像出笼的鸟儿，身上再轻快不过了。可是还不等我们的脚跨出门槛，她又叫了：“不要点灯熬油哇!”

老人家虽然厉害，心眼倒挺好。高兴的时候，也把收藏的菱角、莲蓬、花生，拿给我们吃。并且感叹地说：“你们年轻人，不知道过日子的艰难呵!”

这年夏天，湘北各县大雨。长沙城水深数尺，垸内禾苗、杂粮、棉花都淹了，电线也冲断了。湘江上漂着草屋、猪狗、死尸。我们屋里也进了水，要柴无柴，要米无米。多亏干娘驾了小船，把我们救出险地。

第二年，我们有了第一个孩子，起名立安。说来惭愧，我们还没有脱尽稚气，却过早地做起父母来了。

小家伙好哭。一哭就给吃奶。要不，就是梅生抱着满屋子转。我们所能做到的，就是这些了。

最辛苦的还是老祖母。她晚上顾不得再捻佛珠了，浆浆洗洗，都落在她头上。然而，她没有等到重孙子喊她一声“太婆”，就一病不起，弥留的时候，她不住地摸着孩子的小腿。这大概是她对人生唯一的依恋吧!

祖母死了，我们的境况变坏了。她临终以前，曾特别嘱咐，请几个和尚来，给她念三天三夜金刚经，超度来世。在安葬的时候，我们虽卖掉那一小块土地和池塘，还是背了一身债；这身债务，以后也没有卸下来，因为接连又生了两个孩子。生下一个孩子，梅生就高兴地叫：“又多了一个还债的!”他把什么

都不放在心上，“少年不识愁滋味”，有什么办法呢。

梅生师范毕业以后，便到外县教家馆。收入微薄，难以养家。我带着孩子住在城里，靠做针线手工，维持生计。

十三岁时，我在湖南有名的杨季堂湘绣馆学过两年湘绣。那时湘绣的主顾，多是官绅人家。一幅中堂，几扇条屏，多的要卖几十两银子。杨家手艺是家传，绣人像的眼睛、动物的卷毛这些细活，总是放在内室，由他儿媳——十姨娘自己做，不传外人。她们绣出的眼睛，也像会转动似的。我们学不到这些手艺，只做粗活。

说是粗活，也不简单。案前摆着布绷子，绷上绣件。缎子上虽然先由画师打好了图样，可是那只是个轮廓，自己还得按小图配线，绣出层次。一根丝线，要批成十六根，每种颜色，从最深到最浅，又要分成十三种。所以绣一两针，就得换线。我学了两年，连画稿也学会了。

现在，我又重新理起这些活计。在家里，绣不了大件，就给人绣些花边、领条、袖口，或是帐沿。做活的时候，把大儿子立安放在床上，给他一本破旧的《芥子园画谱》。他能翻来覆去，翻看半天，不和大人纠缠，看累了，就把画本蒙着脑袋睡觉。

虽然清苦，可是我们倒过得挺快活。没吵过嘴，没闹过气。灯前月下，梅生兴致一来，还要吟几句诗呢。古人说：“贫贱夫妻百事哀”，但我们却总是欢乐的。

二

一连数年，孩子一个挨着一个，我们的生活一天不如一天。做手工，工钱低，一幅帐沿才两吊钱，到手就光。亏得那个好干娘，进一回城，就给些接济，不然，我们真得挨饿了。

不久，经朋友介绍，梅生到离长沙六十里的龙家大屋教书去了。全家也都跟着搬了去。

这里有山有水，树林子里，有好多叫得中听的鸟儿，路旁塘边，还有好吃的野果。孩子们简直入迷了，早晨爬起来，就满山遍野地跑，回来时，每个口袋里都装得鼓鼓的：野花、野果、石头、甲虫，什么都有。

龙家大屋前面有个锅底塘，塘边生着茂密的芦苇。那里蜻蜓最多，孩子们喜欢悄悄地溜过去，伸出两个指头，捏住蜻蜓的尾巴，再用线拴上，叫它满屋里飞。

孩子们很快迷上了这个开心的游戏。一天傍晚，下过大雨，立安招呼弟弟妹妹说：

“走，去捉洋迷迷！”

孩子们跑到塘边，大哥眼明手快，伸手捏住一只。

“那边还有个大的！”老二应坚嚷着。

“捉住！”哥哥下了命令，伸手又捉住一只。

“我够不着！”弟弟胆小，脚边就是水塘，伸手试一试，不敢动。

“不怕，再往前一点！”哥哥一边命令一边行动，他已经捉到三只了。

扑通！……

“二哥掉到塘里了！”妹妹本纹惊叫起来。

我甩下针线就往外跑。只见塘边围了一群人，梅生也在那里。他见我气急败坏的样子，忙迎上来说：

“不要紧，救上来了。”

应坚浑身是水，鞋也丢了，一见我，就咧着嘴哭。我没有好气，上去给他两巴掌。

“你还哭！没淹死还不便宜！”

“妈妈，莫打弟弟。”立安在一边说，“是我叫他去的！”

“那你也跑不了！”我又给他两巴掌。

我把孩子领回家，气还不消，顺手把他们拾回来的破破烂烂，都扔到院子里。梅生站在门旁，看我一眼，笑着说："真是昏官断案，有理无理，一律四十大板！"我心里一动：是有点过分了。

"你还在生气，可是挨淹的早把这事忘了！"梅生又说，"你看应坚在做什么！"

应坚在院子的水坑边赶小鸭子。

"这证明你失败了，"梅生说，"应该给孩子讲通道理。"

"我没有那个耐心！"我说。

"耐心也是学的！"梅生说，"不然，就会专做蠢事！"

我无话可说了。

日子像流水一样过去，立安上学了。乡下生活要简省得多，野蔬充膳，落叶添薪，都不用花钱，再养几只鸡，喂两只鸭，下了蛋，还能换些油盐。因此家里的生活宽裕多了。可是，梅生还不满意。

"不能像麻雀一样，守着屋檐下的窠儿叽喳。"他总这么说，"一个人还有社会责任，不应该一生陷在家庭的圈子里！"

他需要什么呢？

一九二三年，他终于离开了家，和几个朋友结伴到四川去办学校。他说要出去"见见世面"，寻找真理。我相信他不管做什么都是对的。我没有拦阻他，自己带了几个孩子，又回到长沙。

谁知不到三年，他就逃了回来。学校被军阀封闭了，半路上遇见土匪，随身衣物也被抢了精光。到家的时候，脚上只穿着一只鞋子。

“这回真是全军覆没了！”他一进屋就嬉笑着说，好像是要宽慰我，故意现出满不在乎的样子。接着把孩子一个个抱起来，亲着，胡子扎得他们哇哇叫。

他那模样，着实狼狈。身上满是灰土，一件短衫，被撕成七零八落的片片，脸上白一块，黑一块，叫太阳晒得脱了皮。就连他说话的声调也不一样了。

“梅生，你变多了！”

“是吗?”他转过身，端详着我，“那么，我来看看你，变了没有。哎呀，还是那么丑！”

“你的心也变了！”我也玩笑地说。

“变了变了！”他半真半假地说，“都交给革命了！你看吧，不要多久，这些军阀、地主，也得全军覆没！”

当时我还不明白这些话的意思，只觉得天下要大变，压迫人的倒下去，受压迫的站起来。梅生先就变得厉害，早出晚归，连吃饭细嚼慢咽的习惯也变了；匆匆忙忙，好像总有事等着他。但是更重要的变化，我还不知道：原来他已经是共产党员了。

一天清早，我上街买菜，才出巷口，就被行人挡住了去路。踮起脚跟看：一队队工人，农民，还有学生，摇动着纸旗，喊着口号，向前涌去。墙壁上沾满了红红绿绿的标语，有的墨迹还没有干。一家商店门口，有个学生模样的人，站在桌子上，热烈地讲着什么，四周围了好多人。我挤到前面去，悄悄问旁人：

“出了什么事？”

“你还不知道？”他大声说，“革命军进城了！”

他边说边随着人群涌走了。看那神气，似乎怪我连这样大事都不知道。

我不由自主地随着人群向前走。

忽然又一支队伍涌了过来。人们匆忙地往两边让路。几个拿梭镖的农民，押解着逃亡地主过去了。

我好容易从人堆里挤了出来，竹筐子也挤烂了。定一定神，也不知是到了哪里，原来，不知不觉间，人群把我冲过好几条街。天快晌午，菜市也收了，趁着人少些，连忙往家跑。老远就听见屋里孩子们哭闹成一片。

这一天，怎么也安不下心来：烧饭，饭煳了；炒菜，忘了放盐。头脑全给搅乱了。耳边老是人声鼎沸，眼前老是旗子翻动。直到天黑，也不见梅生、立安回家，饭也等凉了。出门看看，老不见他们的影子。我哄孩子们睡了，坐在门外等。忽然立安一阵风似的闯进来。

“妈妈，快拿吃的，我饿坏了！”他嚷着。听得出来，嗓子是沙哑的。

“不饿你还不回来呢!”

“妈妈，你生气了?是吗?”他要辩解什么，就会把人缠个不休。“我去开会了，不是贪玩……”

“行了行了，”我打断了他，“快吃吧，你又不饿了?”

“你要不消气，就打我两下。”他嘻嘻笑着，“妈妈，你不知道，我还上台讲话了，把嗓子都喊哑了，人真是多!……”

“开什么会?”

“欢迎北伐军!”他神情严肃起来，就像是个大人，“就是革命军。革军阀的命。北伐军一来，要像爸爸说的那样，再不许压迫人，穷人都有饭吃……”

是这么回事呵!我忽然觉得有一肚子话，要问梅生。可是，这一夜，他没有回来。

那时我还不明白革命是怎么回事。为什么革命，革谁的命，梅生倒讲过不少，但总是觉得跟自己关系不大。不过，革命带来的变化，却是容易看到的。粮食落价了，卖东西的也和气了，交租钱给房东，房东也说：“若不方便，你们先用吧!”我想，这就是革命的好处了。

革命军一来，梅生很少在家落脚。他担任了湖南总工会的秘书，事务繁杂，不仅要动员工人，协助前线运弹药，抬伤兵，夜间还给纠察队员们上课。偶尔回来看看，也是急急惶惶。我看见他头发蓬乱，眼里布满了血丝，担心他累倒，就劝告说：

“你身体不好，要注意休息!”

“不累！我的精神蛮好。熬几夜有什么要紧。”他不以为意地回答。

“不要井，吃河水。”我不高兴地说。

“算了算了，哪就能累死我呢？”说着，他抽身要走。

“把衣服脱下来，给你洗洗！”我说。衣服上已经发出难闻的气味了。

“时间不够了！”他为难地说，“我要去开会。明天……”

可是第二天，他又没回来。

大街上天天敲锣打鼓，游行示威。教育会坪上，成天开大会，有时候是审判工贼、大土豪劣绅，有时候是总工会的负责人给工人讲话，宣传革命道理，那里总是人山人海，风雨无阻。

湘江里，本来挤满了外国军舰和商船；长沙城里还设有洋行、医院。革命军一来，英、意等帝国主义国家又增派兵舰，在湘江上日夜游弋，进行武装威胁。外国水兵还在水陆洲和江岸强行登陆，殴打市民和工人纠察队员。北伐军忍无可忍，在江两岸鸣枪警告，总工会组织十万人游行示威，才把帝国主义分子的气焰压下去。市民们扬眉吐气，焚烧洋烟，公卖洋油，查封货栈，收回医院、海关，把为非作歹的洋鬼子都赶跑了。

不几天，我们搬到东茅巷工会旁边一座有画栋雕梁、朱漆栏杆的房子里，这里原是官僚的公馆，现在成了我们的宿舍。

“这房子可真讲究!”我还是第一次进这样漂亮的房子。

“无产阶级盖的么!”梅生说,“无产阶级就是了不起,叫帝国主义滚蛋就滚蛋,叫军阀垮台就垮台!将来革命成功了,盖的房子比这还要好!”

三

最叫人不放心的，还是立安。他带着一队儿童团，也上街“巡逻”了。有时候多管闲事，把左邻右舍的孩子，弄得哭哭啼啼。一天到晚，告状的挤破了门：

“你不管管孩子吗？你们家野猴子又打人了。”

我只好赔礼。然而这个刚走，那个又来。而且，都是气势汹汹的大人，领着哭哭啼啼的孩子。大人一开口，孩子也像助威似的，哭着撒泼。

我不得不“管管”了。

“立安，明天不许出去！”晚上回来，我对孩子下了命令。

“为什么？”立安惊奇地问。

“为什么?”我生气了,“我怎么知道为什么!你自己闯了祸,还问我为什么!”

“不行!”他思索了一下,固执地说,“我没有错。”

“你就这样跟妈妈说话吗?好吧,你去找爸爸回来!你不去?我去!”

他咬着嘴唇,迟疑了很久,见我真动了气,便说:“好,我去找爸爸!”

显然,他也知道,爸爸回来,不会有什么好结果。但他自尊心很强,不愿意示弱。

他刚转身出去,忽然爸爸回来了。梅生一眼看出家里在怄气,忙问:“这是怎么了?”

“你问他自己吧!成天不问功课,领了一群毛猴子,上街胡闹……”我忍不住,一五一十把旧账全翻了出来。

一向温和的梅生也焦躁起来。

“你都这么大了,还给妈妈添麻烦,惹是生非,是什么道理?”

“我没有……”孩子分辩着,眼窝里闪着泪花,好像受了委屈的样子。

“你还不服气?”爸爸顺手拍了一巴掌,高声责备道,“你没有!人家为什么找上门来?读书是求学问的,告诉你,你门门功课都得考够八十分,少一分别来见我!”

看见梅生那么激动,我忽然后悔不该拿这些琐事纠缠他。

他还要为大家办事呵！

“天不早了，我们吃饭吧！”我说，表示事情已经过去了。

可是这一晚上，怎么也快活不起来。立安不肯吃饭，躲在一边用小刀刻画石，爸爸一眼也不看他，好像是说：你这样骄傲，就该吃点苦头！谁稀罕这样的孩子！

暑假来了。清早，立安和应坚到学校行完结业典礼，应坚不见了哥哥，只好自己回家。

“又贪玩了！”我想，也没有在意。

到吃午饭的时候，还不见立安的影子。

“怎么哥哥还不回来？”应坚说。

“不要管他，谁晓得野到哪里去了！”我严厉地说，心想这真不像话。

应坚很爱哥哥。哥哥不在，他也没心思吃饭，端着饭碗，眼溜着门外，可是又不敢多嘴，胡乱扒了几口，就往外跑，找哥哥去了。

天黑了，应坚汗流满面地跑回家，愁眉苦脸地说：“我找了一下午，也没找到。”

“你跟我到学校去一趟。”我有些着急了。

“好！”应坚困得眼也睁不开，听说去找哥哥，马上又蹦了起来。

我们穿街走巷，跑到学校，那里已经关了大门，叫了半天，没人答应。我们又跑到总工会，梅生也不在。两个人像游魂一样，在街上无目的地流荡着。沿街搭满了凉床和藤椅，人们悠闲地打着扇子。我热得要命，心里一急，汗流得更凶。

“妈妈，回去吧，”应坚打着哈欠，“也许哥哥回家了。”

我不知如何是好。阴暗的天空，没有一颗星星，天气又闷热，怕要下雨吧。我们只好往回走。

然而，立安并没有回家。

第二天，梅生带着应坚，把立安几个要好的同学都找遍了，都说没有看见。只有住在南门外的一个同学说：立安昨天跟他的好朋友郑大年一起离校。郑大年回湘潭去了。难道他能到湘潭去么？

“去看看也好，”梅生想了想作了决定。看得出来，他也很着急。“去看看就放心了。”

他给弄了一张船票，我当天赶往湘潭。

果然，就在湘潭打听到这小冤家的下落。郑妈妈说：立安已经进军队当了兵。

“他哪能当兵呵！还没有枪高，又不懂事！”我又急又气地说，恨不得马上见到他。

“可是，他还说要北伐呢。”郑妈妈笑着说。

我向郑妈妈道过谢，就往兵营跑。心想，见面得狠狠训他一顿。

这小冤家万没想到我会找到这里来，他一见我，大吃一惊：“妈妈，你怎么知道我在这里？”

“我怎么能不知道!”我刚想发作，可是一看孩子满面愁容，穿着一件不合身的军装，像肥大的道袍，就心疼起来，便换了口气说：“一家人满城找你，饭也顾不上吃。爸爸这两天，把工作都丢下了……”

我顾不得细说，急忙去找连长，说明来意。连长说，他猜想孩子是瞒着家里偷跑出来的。不收留他，怕他乱跑，说不定会出意外，既然找来了，就领回去吧!

立安只得脱下军装，可是一出营门，他就站住了。

“我不回家，我要自谋生路。”他固执地说。

“说什么傻话，你跟谁怄气呢?”

“我没法见爸爸，我的算术不及格!”

“回去认个错，就完了!”

他想了一下，又说：“我不愿意再挨巴掌。”

原来为的是这件事!过了那么久，他还觉得委屈。他说暑假前上街巡逻的时候，有些淘气的孩子，躲在暗处扔小石头，找儿童团员打架，他从来没动过手。可是，爸爸却无缘无故怪罪他!

“你别怪爸爸，”我深深后悔太不理解孩子，“是我没把事情弄清楚，错怪了你。”

听我这样说，他高兴了，扑过来搂住我的脖子，亲热地说：“妈妈，你真好!”

我们往回走了。一路上，孩子像往日一样活泼，絮絮不休，话总说不完。

“妈妈，你说爸爸会生气吗?”

“会生气的，”我说，“只是你别再逃跑了!”

“我得先把算术学好。”他叹了口气。一提起倒霉的算术，他就变得无精打采了。

我忙岔开话头：“你是走来的吗?”

“郑大年搭船走了，我只好起早。头天夜里，住在回龙寺，老道人还管了我一顿饭。”

“你向道人化缘了!”

“那个老道要收我当徒弟，”他咯咯地笑着，“天不亮我就跳墙跑了。”

“不害怕?”

他不好意思地说：“我怕他追上来，问我要饭钱。我身上只有两个铜板，万一找不到事做，还能买两个烧饼。”

“你想的很周到，”我不禁笑了，“烧饼吃完了呢?”

“我跑到一家铁匠铺，要帮着打铁，他们嫌我小，不要……”

“所以，你就当了兵。往南跑，还说要北伐！……”

“妈妈!”他扑过来，紧紧搂住我的脖子，不让我再说下去。

孩子们见到哥哥回来，又惊奇又高兴。挤眉弄眼像是在说：你藏得紧些，怎么叫找到了？立安只是笑，有些难为情。

正如预料到的，梅生没有白白地放过他。回家那天晚上，梅生竟例外地留在家里，没有出去。他把孩子叫到跟前，严肃地说：

“你以为功课不好，一跑就完了吗？真没有志气！今天当了兵，明天要是不行，你再跑？”

“我不会跑！”孩子自信地说。

“我不相信。历史上有个项羽，就是这样的。读书不成，学剑，又不成，学兵法，还是不下功夫。结果兵败乌江，他却怨老天，你还不如他，先学会了逃跑！”爸爸一口气说下去，“也许你想，算术有什么了不起，不学它，还不一样过活！是不是？这么说，该学的东西就太少，不该学的就太多了。反正学不好，还可以当兵。不行，再开小差！”

“爸爸！”立安恳求着。

“那有什么了不起！还可以做别的！”爸爸好像是循着孩子的思路说下去，“反正一件事做不好，把它踢开，也不费什么力气。好在说大话，吹牛皮，并不需要什么智慧。你以为做人真那样轻巧？你错了！天下就没有轻巧的事。你说说看，哪件事是不经过艰苦的努力，就可以做好的？”

后来，他又讲起自己是怎样学习的：他五岁发蒙，七岁就学写字，手腕上放一碗水，笔杆上放一串铜钱，为的是加强笔力；水洒出一点，老师要打板子，奶奶也拿筷子夹指头。每次出远门，要脱下鞋，打赤脚走路，省下鞋钱好买书。他还讲怎样跑到千里迢迢的四川，那是去追求真理，可不是逃避巴掌！

他还说起自己现在多么感到知识的贫乏。无知的人，虽生活得最快乐，对社会却没有贡献。他的声调渐渐柔和了，孩子们又活跃起来。看得出立安是真正感动了。上床的时候，他附在我的耳边低声说：

“爸爸真好！我得管住自己，像爸爸那样，不逃避困难。”

他说到做到。整个暑假，他天天早早起来，唤醒弟弟妹妹，一起收拾屋子，生火，烧水，煮粥。然后又一起做功课。几个小的，都听他的话。他们也感到高兴：有这样一个好哥哥。

四

按节气说，还不到谷雨。可是连天牛毛雨，迷迷蒙蒙，不见一丝阳光。地下冷潮往外冒水，墙上直往下掉灰皮，屋里有一股难闻的霉味。我最不喜欢这样的天气，不死不活，叫人难受。

这是一九二七年的春天，也是一个血腥的春天。四月十二日，刚刚取得江浙统治权的蒋介石公开背叛革命，疯狂屠杀共产党人和革命人民。这一股反革命阴风从上海刮到湖南，湖南的反革命也抬了头。驻在长沙的三十五军，急急忙忙在街口堆积沙包，准备巷战。五月十九日晚上，突然听见枪声。细细倾听，好像是在南门一带。梅生连忙披上衣服跑出去。

孩子们都惊醒了，几个小的吓得躲在我的怀里。

“不怕!”我安抚着他们，“爸爸还往外跑呢，躲在屋里怕什么?”

“哪里放鞭炮呀?”应坚睁着两只迷糊的眼睛问道。

“是枪响。”神情严肃的立安回答说。

“枪为什么响呢?”本纹好像不怕了。

“你们不要说话，”立安制止说，“听听外面有什么动静!”

是爸爸回来了。

“出了什么事吗?”我问。

梅生说，工农纠察队十几个人，押解着几个工贼路过三十五军留守处，被三十五军缴了械。停一会儿，又说：

“你带孩子们先睡吧！我去总工会看看。”

“现在怎么去。路上危险!”我说。

“不知机关怎么样，要是出了事，有人也好照应。”梅生说，“你们睡吧，有什么风声，不要惊慌。”

我茫然地点了点头，心里有些紧张。可是又觉得不应该拦阻他。既然有必要，那就去吧。

这是不安的一夜。梅生走后，省党部旁边富雅里十号，突然起了火，火势很猛，延烧得很快。兵工厂的工人出来救火，被一帮伤兵打散了。伤兵又乘乱抢劫兵工厂纠察队的枪支，一时全城人声嘈杂。我搂着孩子，整整守了一夜。

第二天晌午，梅生回来，说三十五军已经向总工会解释了误会，收缴的枪支也送了回来。被兵工厂工人扣留的伤兵，都转到戒严司令部处理去了。

“现在伤兵又包围了戒严司令部，谁知要的什么把戏。”

“别出什么事才好！”我担心地说。

“什么事都会发生的，”梅生看了我一眼说，“你怕吗？”

“跟你在一起，我什么也不怕。”

“就是你一个人，也不要怕。”梅生靠近我说，“你把我换洗的衣裳找出来，放在外边。”

听到这话，我心里一沉。我的天！难道真要出祸事吗？

市面上混乱不堪，好多店家也不敢开门了。我把孩子们统统关在家里，不许出去。梅生嘱咐几句，又到总工会去了。晚上六点多钟，他又匆匆跑回来，清理文件和书籍，把犯禁的材料，放在灶膛里烧了。然后和衣倒在床上，倾听着街上的动静，可是这一夜竟安然度过了。

不料，二十一号晚上十点多钟，全城突然枪声四起，密密麻麻，像爆炒豆子。步枪、驳壳枪、机关枪，还夹杂着一声声沉重的大炮。驻军团长许克祥叛变了！总工会、省农民协会和所有的民众团体及党校等机关，都被许克祥劫掠一空，贴上了封条。工农纠察队被反动军队缴了械，省特别法庭也被捣毁，在押的土豪劣绅全部释放了。

枪炮声一夜未停，梅生急得满屋子里打转了，他为同志们的安全担心。几次要出去，都被我拖住了。

"还有几个同志在那里编报呢。"他焦急地说。

"你赤手空拳，怎么救他们？"

他默然了。

四处都是枪声，隔窗可以看见熊熊的火光，半边天都红了。马路上，传来人群仓皇奔跑的脚步声，孩子和妇女的哭叫声。到天亮，才稍稍静下来。这一夜，梅生好像苍老了许多。两只大眼睛深陷进去，额上的皱纹也多了。枪声一停，他马上奔出去。

一夜之间，长沙变成了恐怖世界。南门外，北门外，大街小巷，遍地尸体。城楼上贴着大幅布告，碗大的黑字写着被通缉者的姓名，其中有一幅是"通缉屠杀无辜民众的暴徒分子欧阳梅生"！

要来的事终于来了。我想起前几天的谈话。路已经摆在跟前，我必须勇敢地走下去。

立安不声不响地回来了。

"妈妈，你知道吗？"他不安地说，"外面贴了布告，要逮爸爸！"

"知道了，"我说，并竭力表现出镇静的样子。"你爸爸做的都是好事，反动派才捉他！没有什么可怕！"

夜里，梅生回来了。进屋就说："我要到岳麓后山去，那边有农军。"

我把一小包衣服塞在他手里。

“我们很快就会打回来。现在十万农军，已经四面包围了长沙。许克祥是瓮中之鳖，没几天活头。”他鼓励我说，“你只管放心，他们抓不住我。过几天，会有人来看你们，帮助你们搬搬家。环境没有安定以前，我没办法照顾你们。担子是重了点，不过我相信你挑得起来。勇敢一点，坚持下去！”

他亲过每个孩子，夹着小包悄悄走了。我看着他的背影，心里一阵难过。以前，我并不了解他工作的意义。仅仅几天之间，我就懂了：革命还有这么多困难！斗争是这样的复杂！不打倒反动派，人民更得遭殃呵！这样想着，我和梅生更接近了！唉！我们在一起生活了十几年，我到现在才了解他！可是刚刚了解，就分别了，谁知道还能不能再见？

“妈妈，进去吧！”立安在身后小声地催促着。我还不知道，孩子一直站在身后，我忽然觉得有了力量，因为孩子已经懂得分担我的忧愁了。应该让孩子们感到，他们有个勇敢的母亲！我紧紧把他搂在怀里说：

“孩子！咱们一定要坚持下去！”

长沙城叫反动派毁了。好多房屋毁于炮火，遭劫的人们拖儿带女地沿街乞讨。所有的学校都被抄抢、检查，一律停办。学生不准留校。反革命到处捕人、杀人。四十九标操场上，杀人号声不绝。见穿中山装的，剪短发的，便说是共产党，不加问讯，就拖去杀了。贴标语的要杀，撕标语的也杀。反动军队都缠了白袖章，打着白纸旗，见了不打白旗的士兵，也捉去杀。

许克祥的“救党委员会”，还编了一首歌谣，指使团防局的人沿街叫嚷：

工会你莫凶，三十三团用炮轰。
农会你莫恶，我们要你脑壳。

黄梅时节，连天阴雨，再不见个晴朗的日子。梅生到哪里去了呢？眼前这一堆孩子又该怎样生活？望着窗外，我不禁又想起梅生的话：“我们很快就会打回来！”是的，无论多么困难，我也得坚持下去！

五

第二天，党组织派人来帮助我们搬家。我们不声不响地卷起铺盖，收拾起锅碗瓢盆，从东茅巷逃到北城贫民区铁佛东街。我们成了无家可归的难民了。

孩子们失学了，待在家里，无事可做。翻烂了的旧课本，再引不起孩子的兴趣。市面上不安静，也不敢让他们乱跑，怕闯出祸来。敌人完全疯狂了，就是几岁的孩子，说话走了嘴，也得丧命。反革命认定“凡农皆匪，无徒不暴”，老百姓人人都是他们的仇敌！

有一次，立安出去买东西。不一会儿急慌慌地跑回来，嚷道：“妈妈！我要到岳麓山去！我真受不住啦！”

“怎么啦?”我猜到又有不幸的事。

“我们的老师叫人杀了!”他哭着说。

我不知道该说什么，只轻轻抚着孩子的头。

“我要找爸爸去,”他哽咽着,“我要跟他们拼了!”

我替孩子难过。光这一个月里，他受的苦处，一点不比我少。虽然生活使他成熟过早，但毕竟还是孩子。

“眼前这些事，我也难过!”我说,“可是谁知道城外情况怎么样?听说农军都退了，到哪里找爸爸呢?忍耐点吧!看在眼里，记在心上。血不会白流的。如果爸爸有消息，我们就一起走。你是大哥，应该帮助妈妈……”

“妈妈!”立安伏在我的腿上大哭起来了。

对孩子说的，也正是我心里对自己说的。梅生走后，一直没有信，这已经够叫人担心了；而家里又断了粮。我自己咬咬牙，还可以挺挺；可是孩子咋办呢?

我卖掉几件衣服，凑得两块银元，到小市上趸了点香烟、麻糖和凉薯。

“我们自己谋生活吧,”我对孩子们说,“爸爸出门了，不能叫他替咱们操心。你们都很懂事，能吃苦。从今天起，上码头卖东西去吧!”

孩子们高兴地答应了。一来是家里憋得慌；二来是自己成了“有用的人”，能够帮助家庭，可以夸口了。

我把凉薯洗干净，切成薄片，放在茶盘里，又把香烟和麻糖放在竹篮里，交给两个大孩子。

“不要惹事。”我把他们送到门口，又嘱咐着。

然而，在这兵荒马乱的年月，小生意也不好做。兄弟俩早出晚归，一天只卖十几个铜板。码头上无人照料，又怕他们出事。可是家里的生活全靠这十几个铜板，不去又怎么办？这两天，四女儿本双病了，无钱抓药，只好眼睁睁看她受苦。我日夜守着她，累得头昏眼花。

天完全黑了，兄弟俩还没有回来，留的饭重温了三次，仍旧听不见打门的声音。我慌了。哄着小姊妹们躺下，便悄悄溜出屋去。

沿着江边，是一路昏黄的灯影，没有一个行人，凉风一吹，我清醒些了。突然，眼前好像有许多黑影在晃。我心里一惊，是眼花吗？可别病倒！我定定神，再看，已经被好多黑影包围了，周围发出了狺狺的声音，原来碰上了饥饿的野狗群。这些野狗，在郊外吃惯了死尸，见人就眼红。现在它们狂吠着，围攻上来。我拼上全身力气，连跑带窜，又喊又叫，顺手捡几块砖头乱打，才冲出重围。

金家码头显得那么凄凉，听不见码头工人“哼哟、哼哟”的号子声，一艘艘小火轮，像干瘪的蚱蜢似的，泊在岸边。江水静静淌过，无声无息。江心的水陆洲，灯火闪烁。那是另一个世界，被赶走的洋鬼子又跑回来寻欢作乐了。我一眼看见两个孩子坐在一盏半明不暗的路灯下。

“立安哪！还不快回家！”

“妈妈，”立安跳了起来，“待一会儿还有一班船来。”

我紧走了两步，才发现应坚靠着灯柱睡着了。我一边轻轻摇他的肩膀，一边叫着：

“应坚，应坚，醒醒，跟妈妈回去。”

应坚睁开两只眼睛，低低叫了声“妈妈”又要睡下去，我赶紧把他扶起来。

“妈妈，你和弟弟先回去吧，我再等一会儿。”立安说。

“一块回去吧，你们早该饿了。”我一手牵着应坚，一手拉着立安。“说什么今天也不能再卖了！”

“妈妈，你看月亮多亮！”立安指着湘江对面的岳麓山，上弦月映照着起伏的山峦，显得冷峻而庄严。“爸爸还在山上吗？”

我心里一热，泪水遮住了视线：亲人呵，你们在哪里？

我不敢再走江边，怕又遇见野狗，领着孩子，绕了个大圈子。进了巷口，远远听见孩子在哭。我心里扑扑通通直跳，撇下这两个孩子，紧往前赶，险些撞到屋门上。

“怎么啦？”

“妈妈，你看……”

本双脸色铁青，上气不接下气。我连忙给她灌水，但是手抖得厉害，水都洒到地上……

孩子咽气了。

我一直哭到天亮。早晨，找来个收破烂的，把一些零星物品全卖掉，凑了几百钱，买了一口薄薄的小棺材。两个大孩子帮着我，把它抬到郊外，埋在一块清静的地方。一家人在坟堆旁坐了很久。我几乎没有力气走回家去，好像把一件重要的东西丢在那里，那是我的心呵！

到了冬天，长沙城依然一日数惊。听说纱厂工人炸毁了光华电灯公司，还攻破了新河警察署，打了新河车站，烧了米捐分局、灰面公司、牛皮工厂。我暗暗祝祷梅生平安归来，可总是渺无消息。

过了不久，总工会一个同志来看望我，看见自己人，我高兴得不知怎么是好。我慌慌张张地给他让座，但是，这个家是太破烂了，连一只可坐的板凳也没有。他只好坐在床沿上。

“梅嫂子，大家知道你很困难，叫我来看你，你有什么要求，可以跟我说。”

革命正处于危急关头，无数同志牺牲流血，颠沛流离，面对敌人的屠刀，英勇战斗，我不能叫苦。

“看见你们，我心里就踏实了！千难万难，一咬牙就过去了。我只想知道梅生的消息。”

“他已经转移到武汉了。”

“能去找他吗?”

他看看孩子们，沉吟不语。

“我要去找他。”我又加上一句。

“那里跟这里一样，还是不去吧。家里的生活，大家会照

顾的。”

不用说，武汉正在吃紧。我更加拿定主意了。

“我在这里没有一点用处，白白给大家添麻烦。”我说，“到武汉去，也许能给梅生当个帮手。”

他看不能说服我，答应回去商量一下再说。

第二天他果然来了。但是仍旧劝我不要去。他说：“武汉那边，没有准确消息，听说比这里更凶。”

“那我更要去！我不能让梅生一个人冒风险，我和他是一个人，死要死在一起。”我说，“大家都在出生入死，我不能袖手旁观。”

终于，他交出几个不很确切的地址。

天气已经很冷了，我们把厚衣服都穿在身上，这样行李就更少了些。船票是这个同志替我买的。我带着几个孩子奔向码头。

离开船只有半点钟，还上不了船。这是不定期的小火轮，只能载二三百吨，而等着上船的人很多，再有两只船，恐怕也装不完。我一边嘱咐孩子牵紧衣服免得失散，一边往前挤。挤着挤着，裹在人堆里，再也转不动。我急得冒汗，忽然有人拉拉我的袖子，回头一看，原来是那个同志。他朝我直摇头，好像责备我说：“你真那么任性吗？”

我向他笑笑，大声地说：“二舅，你回去吧，告诉外婆，不要念着我们。”

“这包蛋糕，给孩子路上吃……”他递过来一包点心。

不是他帮忙，真上不了船。他抱着两个小的，一边嚷着：“踩坏人了，踩坏人了！”一边横冲直撞，冲开一条路。我们紧跟着往前挤。

他把我们安置下来，又嘱咐说：

“当心，别遇上小偷！找不到再回来……”

开船了。舱里挤满了人，简直无法挪脚，稍动一下，就踩着人。我们被挤到一个角落里，也顾不得好歹，趁势坐了下来。

“哎哟哟，怎么不长眼珠？往人头上坐？”是谁在嚷。

天寒水枯，船走不动。到后半天，它索性湾在一个小码头上不动了。一待就是三天。

带的干粮吃完了。船上暂时供应一点粗米饭。饭装在大竹筐里，拿钱只能买一碗，没钱就没得吃。

忽然船上吵嚷起来：

“打死他！”

“扔到江里去！”

一个衣衫褴褛的人，双手捧着一把米饭，直往嘴里塞，随别人拳打脚踢，全然不顾。原来他饿坏了，又没钱，只得抢饭。我不忍再看，偏过头去。

立安见人行凶，气得呼呼出粗气。我怕他惹事，拉他坐下。他挣脱了，把自己的小半碗饭，送给了那个汉子。

本来两天两夜可以到汉口，这船却足足走了六天。可是，一眼望见江边的黄鹤楼，我禁不住心跳了。谁知道岸上等待我们的是吉是凶是福是祸？

码头上，军警和密探排了一层又一层，拦着旅客，检验每件行李。

我们在刺刀下面，走出了码头。

到什么地方去呢？梅生的地址，得一个个去打听，总不能领着一堆孩子满街乱走呀！我们找个小客店住下了。

立安不肯休息，问清湖南同乡会的地址，就要出去。旅店的伙计特别嘱咐说：

“早去早回，晚上七点就戒严！”

太阳一落，我就急坏了。正在这时，父子俩手牵手推门走了进来。

梅生穿着长袍马褂，戴一顶礼帽，完全像个绅士。孩子们叫着闹着，扑了过去。梅生一边亲着孩子，一边对我细声说：“你到底来了……”忽然，他发现短少了什么，问道：“本双呢？”

孩子们都沉默下来，我要开口，可是嗓子哽住了，索性放声大哭起来。

六

现在的年轻人，恐怕很难懂得什么是“白色恐怖”了！反革命的疯狂，他们对革命者和人民的残暴，如果不身历其境，简直连想也想不到。就是我，虽然生活在那个时代，并且是亲身受过迫害的，可是开始时也还无法了解国民党匪徒们的心理状态。

几个朋友，安闲地在室内谈笑，突然窗口会飞来一阵枪弹，人们在血泊中呻吟着倒下了。而第二天，反革命的报纸上却会出现这样的消息：“共产党于某地密谋起事，为自卫团获悉，当场击毙多人。”

一个年轻姑娘，仅仅因为扎着一条红头绳，就会被当作

“共产党的密探”，而被真正的密探架走。没有多久，人们就在江边发现她的尸体。

元宵节，一个住户在门前挂着红灯，竟会被说成“起事的信号”。于是，警察闯进来，主人被捉走了。以后，每年这一天，也就成为这一家祭奠死者的日子。

反革命匪徒造下无穷无尽的罪恶，灾祸和死亡随时随地会降临到每个普通人家。到处流着善良人们的鲜血……

党的活动完全转入地下了。我来不久，党组织决定让张浩、龙大道和梅生等几个人，在汉阳成立县委机关。

我们在龟山脚下安了家。县委机关就设在这里。因为我们孩子多，地方又偏僻，出出进进，不会引人注意。

我是主妇，担任掩护同志的工作。从此，生活，战斗，我和梅生都在一起了。

光看外表，这是一个热热闹闹的大家庭。而我做主妇的，最重要的责任，就是保护“家庭”的安全。同志们睡了，替他们望风。深夜里听见可疑的脚步声，我就马上爬起来，先检查收藏密件的地方，再到屋前屋后，查看动静。哪个同志出外，我要等门。不回来，就坐到天亮。就是洗衣、做饭，也觉得有了新意义、新内容：“这是干革命！”

孩子们都没有入学。立安在家里，像影子一样，处处跟着我。屋里开会，我站在门口，他就跑过来悄声说：

“妈妈，你走吧，让我看着。”

“看什么？”

“看有没有人来。”

去收藏文件，他又不声不响地站在一边，给我“放哨”。外边有人叫嚷，他三脚两步跳出去“打探”；不一会儿回来说，“没事，卖菜的短了秤，跟人吵架呢。”做完一件这样的事，他就眉飞色舞，絮絮不休。

“你这样毛手毛脚，会把事情搞坏的！”我抱怨说。

“妈妈，怎么爸爸不给我任务呢？”他委屈地说，“再不给我，我可要跑了。”

“又去当兵？”

“不，我得去革命！”

“任务”终于来了。

一天，梅生把他叫到跟前，问道：“这里有两封要紧的信，派你去送，办得到吗？”

“办得到！”孩子又惊又喜，“一定办得到！”

“这可不是打弹子。一路上不要贪玩，不要多事，天黑以前赶回来。你知道去鹦鹉洲的路吗？”

“知道。”儿子点点头。

爸爸告诉了地点和接头人的名字，才把包糖纸大小的信件拿了出来：“遇见盘查，要把它毁掉，不能落在外人手里。你打算放在什么地方？”

“放在帽檐里行吗？”孩子说，“赵大叔就是放在帽檐里。”

他说的赵大叔，是常来送信的交通员，昨天被敌人抓走了。

“不行，”爸爸说，“放在这块麦芽糖里，遇见敌人，就把它吞下去！”

收拾停当，儿子大踏步走了。

孩子一出门，我就有些后悔。外边这么紧张，不该让个孩子闯来闯去。出了危险，可怎么办？

梅生说：“现在大人的行动，更引人注意，况且一时也找不到交通员。信不能不送！”

话是这样说，可是，到吃晚饭的时候，还不见立安回家，他也沉不住气了。

“我出去看看！”我说。

“等一等，”他一边听着门外的声音，一边制止我，“是谁跑得这么急？”

脚步越来越近：咚，咚。

“可回来了！”我一下子就听出是立安的声音。

“送到了！”他进屋就说，累得直喘。

爸爸皱起眉头：“怎么才回来？”

“街上又杀人了！不许通行。”他一边抹汗一边说，“我是绕路回来的。晚了吗？”

“晚了。”爸爸脸色和缓下来，给他倒了一碗开水。

显然，第一次出去，就没有按时回来，很叫孩子惋惜。他不像往常那样多话了。

晚上，他坐在灶下，帮我烧火，还是默默不语，一肚子心事。

“回来晚了，并不怨你。”我鼓励他。

“妈妈呵，真太惨了！”孩子有自己的心事，“他们杀的是什么人？一个妇女，还怀着孩子。妈妈砍死了，小孩还在肚子里颤动。过路的人看见也哭了。”

我也黯然了。

“他们作孽的日子长不了，这笔账，总有一天要算清。”我对孩子说。

由于小孩子不大引人注意，立安成了“正式的”交通员了。每天，他把党报和文件，送到指定的地点。我把《大江报》折成很小的长条，围在孩子的棉裤腰间，用绳子捆结实，外面用棉袄盖好，一次可以捆八张，分送到八个地方。

腊月里，寒风刺骨，大雪没过脚踝，孩子在冷风中，来回几次渡过汉水，到江那边的鹦鹉洲，把报纸和文件送到工人住宅区。一天得跑十几里路。孩子对鹦鹉洲一带非常熟悉，每所房子几乎都进去过，跟每个工人都打过交道，成了那里最受欢迎的客人。每次回来，都带回一点好吃的东西，糖果啦，麻花啦……都是工人送他的。他舍不得吃，带回来给弟弟妹妹。只有一件礼物，他自己留下了，那是一个叔叔送的一对斑鸠，褐嘴巴，黄眼睛。他编了一个竹笼，把它挂在屋檐下。

可是，下回再去，那个叔叔已经不在了。他推开虚掩的房门，就听见有人吆喝：

“站住，干什么的?”

墙角冲出一个人，用枪比着他。孩子愣住了。但他马上镇静下来。

“我来收豆腐钱……”

“混蛋!”匪徒打了他一个嘴巴，“谁欠你豆腐钱!”

孩子哭着嚷开了：

“你不讲理！我爹病了，叫我来收十八号的豆腐钱，呜呜，你赖账，还打人！……”

“妈的！你瞎眼了，这是十七号！再不滚蛋，老子崩了你!”

孩子趁势退了出来。

他怕再遇见敌人，忙跑到僻静的岸边，把文件埋藏好。随后，悄悄回到十七号门前，在墙壁上画了个警号。

“做得好！遇见敌人就得随机应变!”爸爸听完儿子的叙述称赞道，“万一落在敌人手里，打死也莫说实话！交通员都是这样的。”

孩子得到鼓励，高兴得满脸放光。可是一抬头，正看到那对斑鸠，他叹了口气，打开笼子，把它们放了。他想起了那位叔叔。

七

我们机关门前，正对着黄鹤楼，后门通着龟山；山上草木萋萋。在乱草丛中，可以寻到蛇蝎盘踞的古老炮台的遗迹。秋天，还偶尔有些乞丐去捉蝈蝈，平常，就连顽皮孩子也不愿去玩耍。我们的同志来来去去，总是走山路。在屋里开会，听见警号，大家溜出后门，爬上山，就万无一失了。

一进腊月，敌人加紧“冬防”，市面上更混乱。匪军拉夫抽丁，见人就抓；码头工人，人力车夫，躲都无处躲；四五天内，拉走五千多人。于是县委组织码头工人，搞了一次抗议示威。

革命和反革命的斗争到了短兵相接的程度。头一天，敌人在纱厂门前杀死了三个十多岁的小姑娘；第二天，告密的工贼就被赤卫队员打死在广场上。戒严布告的旁边，贴着号召暴动的传单。敌人把净街的时间提前一个半小时，天还不黑，就断绝交通；然而半夜里，却有人从暗处冲出来，用麻袋套上巡逻兵的头，夺走枪支。

这个城市，好像一座火山，顷刻间就要爆发，迸出通红的岩浆，使敌人粉身碎骨。

年关越逼近，危机越严重。在苛捐杂税的重压下，店家纷纷关门，工厂倒闭，工人店员白出力不拿钱也找不到活干；"公务员"虽说幸运，能领小小一份"米贴"，可是无处买米。农村里天灾人祸，水深火热，武装反抗绵延起伏。因此省委下来指示：举行年关暴动，反抗国民党的罪恶统治。汉阳县委的工作更紧张起来了。*

大雪天，我正在屋里纳鞋底，张浩同志闪了进来。他从来都是从后门进来的。他的突然出现，吓了我一跳。

"你好！"他一边扑打身上的雪，一边问候。

"你怎么从前门进来？"我责备地问。

"天下雪了。脚印留在山上，谁给我扫掉呢？你这个细心的主妇，怎么忽然粗心了？"他半认真半开玩笑地说。

张浩同志一向是这样细心，似乎跟他高大魁梧的身躯不大

---

* 参看胡乔木，《中国共产党的三十年》，在革命失败的形势下，整个党的组织需要的是正确的退却，而不是继续进攻；局部的武装斗争，暂时也只能成为一种特殊形式的防御。

调和，但他做事确实又很果敢。听说三年前，上海闸北区上万名工人、市民集会，声讨北洋军阀。会场被军警包围。张浩同志带着群众，和军警搏斗。他的头顶被军警的刺刀挑破一寸多长的口子，鲜血糊了一脸，他还冲上主席台，振臂高呼："冲！冲！冲！……"晕倒在地。工人们抬着他，向军警猛冲，一路游行示威。最后送到济生医院抢救。怕他落在敌人手里，以后又抬着他转移了好几个地方。因为得不到良好的治疗，终于留下头痛的根子。这真是个智勇双全的人物。

他四下里看了看，问："梅生不在家吗？"

"刚从码头上回来，大概在屋里睡了。"

"我大概没睡。"梅生笑着，掀开门帘钻了出来，"有什么消息？"

"光有谣言。说共产党要调五十万农民军围攻武汉，贺龙拿来盒子炮三千只，机枪四十架，叫工人暴动……"

"我们还没动手，敌人就吓慌了！"梅生说。

"可惜没有盒子炮和机关枪！"张浩同志皱着眉头说。

梅生脸色也阴沉下来："敌人放出这个风声，必有个缘故。"

"这就是问题！"张浩同志说，"看来敌人已有准备了……"

开会的人陆续到齐了。张浩同志说，今天的会很重要，要我注意戒备。同时，他也告诉到会的人，不要抽烟，不要在屋子里留下任何痕迹。

外面雪下得正猛。立安拿着笤帚，不住气地扫雪，扫过一层，又落一层，门前没有留下一个脚印。可是，他已经变成个白雪人儿了。

“你去歇歇，我来扫。”我说。

“没人走路，用不着扫了。”立安头上直冒热气，额角也出汗了。他又悄悄说：“妈妈，你留心后门吧，这里交给我！”

可是，我一转身，他就高声叫起来：

“妈妈，把铁锹拿来！”

这是警号！屋子里即刻鸦雀无声。但我仍然把铁锹往墙上通了几下，叫里边注意，然后才往外走。我一眼看见甲长往这边来了。

“徐甲长，什么事呀？大雪天也不得休息。快到屋里坐！”我大声打着招呼。

“不麻烦你驾！”他在门口站下了，“上边下来命令，叫每户准备一口大缸，两盏油灯。听说共产党要大暴动！”

“要大缸做什么呢？”我恨不得他快走，可是还搭讪着。

“装水吧，装米吧，管它呢！公事公办，你驾预备下就是了！反正家里也得用。”

甲长走了，沿门挨户去传达同样的通知。

张浩他们的会从下午直开到次日天亮，我和立安在前门后门紧守了一夜。孩子又累又困，不住地用雪团擦脸。可是，到大家一个个散去的时候，他又精神焕发了，忙领着几个小的去铲雪，堆雪人。好像他干完一场紧张劳累的工作，现在正需要做些轻松的游戏作为休息。

暴动计划定好了：夺取电灯公司、电报局，割断电线，控制交通要道，同时攻打军警机关。但当前最重要的是搞武器，这是一切计划的关键，没有武器，便无法作战。

事前，梅生已经和兵工厂工人接过头，讲好起事前，从厂里运出二十条步枪，两挺机枪。偷运武器的任务，交给了赤卫队员杨兴发。为了有个照应，临时又派老黄协助他。

临走，梅生拿出兵工厂的两个工人符号。

“你们戴上，从工厂后门进去，那里的警卫有自己人。枪放在废铁堆里，用席子卷着。到时候，有人帮你们抬。万一遇见别人，就说是废铁。工人偷点废铁，算不了什么。你们想想，还有什么问题？”

“一定完成任务！”杨兴发快人快语。

“那么，祝你们顺利！”

……开头还算顺利。他们把武器运上小船，向鹦鹉洲划去。谁知刚靠近码头，却被敌人发现了。两个巡逻兵跑上船来搜查，再也遮掩不过去。杨兴发举起船桨打倒了巡逻兵，自己跳到江里。但武器被敌船拖走了，老黄也在船上。

江岸上，枪声响了。

杨兴发一个人逃了出来，当他来到机关的时候，浑身上下都结了冰，嘴唇冻得发青。

“老黄呢？”张浩同志急切地问。

杨兴发冻得说不出话来，只是不住地摇头。

我连忙找出一身旧衣服，给他换上，又熬了一大碗姜汤灌进去，半晌他才缓过气。

“我没有完成任务。”报告了经过，他沉痛地说，“老黄叫敌人抓走了，我跳到江里才逃回来。”

他自幼生在江边，水性好，能踩水，还可以在深水里停留很长时间。

“我对不起大家！”这个粗大的汉子难过得流出了眼泪。

“这哪能怪你，”张浩同志安慰他说，“要怨也只怨我们想得太简单。怨天尤人有什么用，我们还得干！”

根据情况估计，老黄装成“船老大”，贩运私货，不会有生命危险，组织上可以花钱救他。只是，到哪里再弄武器呢？

“我们自己造炸弹，坚决干到底！”张浩同志斩钉截铁地说。

可是这也失败了。一天深夜，张浩夫妻空手从后山上逃到我们这里。他们在家赶制炸弹，不料雷管爆炸了，惊动了街上的巡逻兵。夫妻俩在敌人包围上来以前，从后门跑了。他们出世不久的小女儿，留在床上，也没来得及抱走。张浩的妻子涂俊明手被炸伤，跑到机关，还在不住地流血。我给她裹了伤，腾出床铺，让他们歇息。但是张浩同志硬不肯睡。他心事重重，不断在屋里来回走动。

我们就这样坐了一夜。

八

腊月初，党中央决定取消两湖地区的年关暴动计划，并且派人到武汉传达了这个决定。但是为时已晚，好多地方的准备工作已经暴露，敌人的报纸上，公布了我们的“暴动计划”，一些重要机关被敌人破坏，不少革命者被关进监狱。

除夕夜晚，月黑风高，雨雪纷飞，听不见一声爆竹，看不见一盏红灯。马路上，骑警纵马狂奔，阵阵粗野的吆喝，更加重了阴森恐怖的气氛。巡兵包探暗中搜索，就像勾魂夺魄的恶鬼一样。人们躲在屋里，大气不敢出，唯恐降下杀身大祸。

夜已深了。我把特意缝制的黑布窗帘拉得更严紧一些，免得漏出灯光，引起巡逻队的注意。张浩、龙大道和梅生围着炭火，小声商量事情，最后决定由梅生起草，给省委写紧急报告。龙大道似乎急着想走，到窗前倾听一会儿，又无可奈何地坐下来，我劝他到床上躺下休息，他摆摆手说："不累。"

"找到没有？"我小声问张浩同志。

"没有！"他知道是问他们的小女儿，"孩子已经不在了！"

从那夜逃出来以后，他们找到一个新的住处，再没敢回原先住的屋子。他说：有个同志化装成黄包车夫，去门前查看过，屋里住了警察。

我叹了口气。

"革命总免不了牺牲，"他好像是在宽慰我，"每个人都可能遭到不幸，即使到了共产主义，种种个人烦恼痛苦，生离死别，也不是都能避免的。但这无关紧要，因为大多数人，都会幸福。一个革命者，总要看到将来。这是最重要的。有一个伟大的人说过：'谁笑到最后，就笑得最好。'将来哭鼻子的，绝不是我们！"

这话说得真好！悲哀不是结局，因为我们有幸福的将来。

"你去睡吧！今天我们自己站岗！"他说。

"我养成习惯了，有人在家，就睡不着。"我说。但我怕打搅他们，同时想到他们也许饿了，应该熬些粥给他们吃，便到厨房去了。

大概是过于紧张吧，梅生脸色通红，呼吸也很急促。不住叫我换冷手巾，给他捆在头上。捆好又写。看得出，他是在勉强支撑着。我劝他歇一歇，他不应。报告写到最后一页，他晕倒了。

我们赶忙抬他上床，帮他活动手脚。梅生双目紧闭，神志昏迷。我完全慌乱了。

“不要着急，快送医院。”张浩沉着地说。

龙大道喊醒立安，去外边找担架。可是孩子一出巷口，就遇见巡逻兵，忙退了回来。五点多钟，还没有解除宵禁。

我们只好守在旁边，等待街上通行。

担架来了。

几个人把梅生抬到担架上，上面盖好被子。

“你和大道送梅生去医院。”张浩同志对我说，“家里的事，交给我，你放心好了。”

我拿不出一点主意。不是他在一旁指点，我真不知该做什么好。

雪不下了，却起了大风，吹得电线呜呜叫，积雪满天飞。张浩叫我裹上头巾。我跟着担架，深一脚，浅一脚，穿过旷地，又过摆渡，不知经过哪些地方，也不知走了多远。

正午，赶到汉口协和医院。经过急救，梅生仍旧不省人事。

护士让我们离开病房，她说，病人患的可能是脑充血，需要绝对安静。

我周身几乎麻痹了，弄不清护士的话是什么意思，只是“哦哦”应着，却又在病床边坐了下来。

龙大道同志把我搀出病房。

“梅嫂子，你镇静一下，不要着急。”

我望望他，还是不知道这句话的意思。

我们坐在走廊上，这里静得吓人。雪白的墙壁，雪白的门窗，什么都是白的，好像没有任何实物。我觉得恐怖。

“妈妈！”

这是立安叫我吗？他背着小妹妹双林来了，一手还提着汽油炉子和小锅，可是为什么要这些东西？

“给爸爸煮粥吃。”立安说。

门开了，护士递来一张纸条，冷冰冰地说：

“办理后事吧！”

现在回想起这句话，我还禁不住浑身哆嗦。这怎么可能！昨天夜间，他还坐在炉边，和同志们讨论工作，起草报告。他怎么能丢下我们，忽然死去！

蒙着白单子的担架，从太平间里抬出来了。我扑上去，眼前一黑，栽倒在地上。

我不记得怎样回到家，怎样将死者入殓；当我清醒过来的时候，棺木已经停在屋子中央，梅生安安静静地躺在里面，好像睡着了。张浩同志喊我最后来和遗体告别。

“梅嫂子，再看看梅生吧！”他说。

直到这时，我才明白自己的生活中，发生了多么可怕、多么残酷的事！我战栗了。我怎么能离开他，孩子又怎么能离开他！我扒着棺盖，头都磕得流血，嗓子也哭哑了。张浩同志强把我拖开。

梅生就葬在龟山脚下。好多日子，我都不能习惯这种生活环境。处处是梅生留下的痕迹：床头还没看完的书，墙上挂的出门穿的衣服，桌上零乱的诗稿，都还在那里，就像他并不曾离开我们。吃饭的时候，我不知不觉也总是多摆一副碗筷。而当想起我们的亲人已长眠在地下的时候，就不禁放声痛哭。

“你要坚强些，梅嫂子。”张浩同志常常来劝勉我，“梅生死了，光悲痛也无用！大家会照料你们的生活。他的家庭，也是我们的家庭！”

我永远忘不了党对这个孤苦家庭的关怀。对于一个普通妇女来说，丈夫死了，就意味着她和她的孩子也要跟着毁灭。可是在我遭到不幸的时候，党第一个向我伸出援助的手。我深切地感到，我的生命已经和党融为一体了。

梅生死后不久，一个远房亲戚，按辈分说，该叫他姑夫，大概是出于怜悯吧，写信叫我回湖南。他说：“你还年轻，又拖着一群孩子，流落异乡，何以为生？不如返回本土，免致冻馁。”我很感谢他的好心，但我拒绝了。梅生生前给我指出一条路，这就是跟着党走。我不能在他死后，背弃他的信仰！前面的倒下了，后继者应该踏着前边的脚印再向前进！

我找到张浩同志提出要求：“给我工作！”

他亲切地抓住我的手，笑了。

“我知道你会这样的，陶承同志！”

他还是第一次喊我的名字，称我同志，这使我激动得不知如何是好。

“党需要你这样的人，你还继续住机关吧！”他一边说着，一边从小箱子里取出一包银元。“我们准备开个木器店作掩护，你的生活也得安排一下。等我们找到铺面，再通知你搬过去。”

我把钱放回小箱子。

“这钱留作活动经费吧！”我说，“你们不必为我的生计操心，不要只把我看作朋友的妻子，还应该把我当作自己的同志！”

九

我们还住在老地方。

街坊邻居知道我死了丈夫，不免用一种怜悯的眼光看待我。“年轻轻的就守寡，又拖上一大群孩子，该怎么生活呵！”他们说。我便趁势揽些针线活来做。——其实没有空做活，不过是摆摆样子，遮人耳目。

立安渐渐大了。张浩同志觉得这样闲着，会耽误孩子。但是，年纪太小，也做不了什么，不如找个地方去学手艺。正好有个石印公司招徒工，就把立安送去了。

谁知变起仓促，木器行还没有正式开张，就被查封。东拼西凑来的桌呀柜呀，全被没收。张浩夫妇逃到汉江边上一座小板棚里，躲藏了几天。敌人到处搜捕，他们在武汉再也无法停留，只得远走上海。事出意外，我刚刚平静下来的心情，又波动起来了。我赶做了一点熏鱼，送到他们的住处，给他们带到路上吃。

“陶承同志，我们都走了，你要保重自己。”张浩同志关切地说，“如果住得长久，最好送孩子进学校读些书。”

“在这种时候，还读什么书呵！”

“那么，将来呢？”他反问道，“将来他们要接替老一辈的事业，不但要打碎旧世界，还要创造新世界。没有知识，怎么去搞建设呢？”

“你想得真远！”

“人人都该看得远些！”他认真地说，“看得远，才有进取的雄心；眼前一点点挫折，一点点愁苦，就压不倒。你站在黄鹤楼底下，觉得黄鹤楼真高得怕人，可是爬到龟山顶上，再看看，黄鹤楼可真不在话下。人站在高处，眼界开阔，才望得见远大前程。你看我扯到哪里了？是的，应该叫孩子读书，免得脑子里老是一盆糨糊。”

我是抱着双林出来的，家里还撇下几个孩子，不敢久坐。夫妇俩送我出来，亲了亲孩子，同我道别。我走出好远，回头望望，他俩还站在江边，向我挥手。

我回到巷口，发现有些异样：几个戴圆壳帽的警察，围在路边，听房东说着什么。我想转去，房东忽然高声喊道：“先生娘子，你站一站，屋里出了事了！”

警察围了上来，掏出绳子。

“你是杨刘氏吗？”

“有什么事？”我紧紧抱着双林，不动声色地问，“收房钱？”

“上局子！”

一个警察上来抓住我的膀子，我挣开了。

“你们干什么？大天白日，动手动脚！”

“别装糊涂，快走！”两个警察一左一右，抓着我的膀子，好像怕我逃脱。

“放手！我自己会走！”我一边挣扎着一边理直气壮地说，“我没犯法，去见天王老子也不怕！”

这时候，应坚拖着妹妹，不知从什么地方钻了出来，一见警察抓我，吓坏了，没命地哭叫着扑过来。

“再闹宰了你！”警察吼叫威吓着，抖弄着麻绳，要绑孩子。

“好大本事！就会吓唬小孩子！”我恨不得一头撞去，同他们拼了。

几个警察横拖竖拽，把我母子带到警察局第五分局，关在候讯室。我脑子里翻腾得厉害：这是怎么回事？是哪个坏蛋告的密？稚鹤现在怎么样？问应坚，也说不清楚，警察来的时候，他们在外面玩耍，不在家。我心里急得像火烧。

看看四处没有人，我对孩子们说：

“有妈妈在，都莫害怕。问你们什么，只说不知道。听见了吗?”

两个大点的孩子直点头。小双林还不大会讲话，只是哇哇叫着要出去。我一边哄着孩子，一边想好了口供。

候讯室门开了，一个长着酒糟鼻子的警察喊着：“提审犯人杨刘氏!”

我站了起来，招呼两个孩子说：“别怕，跟妈妈来!”

屋子的北头，放着一张长条桌。上首坐着一个又肥又黑的家伙，额头上有块明疤，像个挨刀的样子。这大概就是局长了。当时梅生死去只有八九天，我和孩子们都是满身重孝。这一点，似乎引起了他的兴趣。

“杨刘氏，你给谁穿孝?”

“给我丈夫。”

“他做什么？老实讲!”

“是个读书人。出来谋事，发急症死了!”

“有人供出你跟共产党有关系。你说出实情，我不跟你这些孤儿寡母为难!”

“谢谢老爷恩典。我一个妇道人家，能知道什么!”

两个多钟点，问来问去，老是那一套。我按着编好的口供回答，能装糊涂就装糊涂。局长虽然有些失望，可是还不放松。

“你不老实！这里明明有人证，怎么能说不知道?”

“真不知道。我一个妇道人家，大门不出，二门不迈，哪来的熟人?”我说着暗中把双林掐了一下。孩子没命地哭嚷起来。

“带下去!”局长真的不耐烦了。

分局里没有女监，只得派两个警察押我回家，明天再去听审。

家里，早翻得乱七八糟，被子和枕头丢在地下，书籍撕得稀烂，小稚鹤不晓得去了哪里。

我到处喊着稚鹤，没有人答应。警察不叫往远处找，催着给他们安排住处。

“反正不叫你睡得安稳!”我心里想，把停灵的那间屋子收拾了一下，就在灵位后面，搭上铺板。灵前点上了清油灯。

我无精打采地回到卧室里，眼前的景象又零乱又凄凉，孩子们害怕地挤在床角抹眼泪，我心里一酸，忍不住一面哭一面数说着：

“丈夫呀！你死得好苦呵！撇下我们孤儿寡母受人欺侮呵。孩子也丢啦！你怎么不显显灵呀！……”

外面，风呜呜地刮着，灵前一灯如豆，忽明忽暗，真也有些阴森森的。

警察隔窗哀告说：“杨刘氏！求求你驾，莫哭了，吓死人。早早睡吧，明天还得过堂。”

一句话触动痛处，千般苦楚，万种仇恨，一齐涌上心头。亲人死的死了，走的走了；这些杀千刀的，连孤儿寡母都不放过！你们想得倒美：到苦水坑里来讨自在！我索性纵情痛哭起来。

"唉，真可怜。"一个警察说，"明天我们去给你驾求求情，把官司销了吧。"

两个小的累了，睡着了。应坚也来劝我，并且伏在我耳朵旁边，小声说：

"妈妈，后门锁打开了，是咱们自己人把稚鹤带走了吧？……"

我连忙捂住他的嘴。我也看见床头的钥匙不见了，后门的锁不是扭坏的，难道稚鹤自己跑了吗？他还不到五岁呵！

夜深了，我也哭累了。想起还有事要办，忙摸下地，侧耳听听，两个警察鼾声大作，我轻轻开了房门，到通往晒台的楼梯板下，取出收藏的密件，到灶台里销毁了。然后放出警号。

七八天当中，总是白天过堂，晚上回来。回家就哭一场。警察也不大疑心我了。他们偷偷带酒来喝，我炒一盘鸡蛋，供他们下酒，他们心里高兴，就无话不谈了。

"你的官司快完了！"一个警察说，"不送警备司令部就好办……"

果然，第八天早晨，警察局叫我找保。我找不到保人，倒是那两个警察自愿保我，在保单上画了押。

后来才知道，有个姓王的被捕，供出了县委机关的地址。但是这个无耻的叛徒并没有保住狗命，第二天仍然被拉去枪毙了，所以没有牵连更多的人。我这个"案子"，既是"死无对证"，只好不了了之。

回到家，我收拾了屋子，拆去了灵堂，把警号也收了回来。

当晚听见龟山上有个孩子在喊：“妈妈！”

稚鹤回来了。我又惊又喜，忙跑出去把他抱在怀里。孩子身上干净整齐，一点也没瘦。问他从哪儿来，他说是杨叔叔送他来的。

原来那天警察进屋的时候，稚鹤惊醒了。这小东西一看情形不妙，趁着混乱，拿钥匙开了后门的锁，偷偷跑出去。路不熟，不敢远去，就坐在山脚下哭。正好杨兴发来送文件。稚鹤认识他，忙说：“屋里有警察，不能去。”老杨抱着他，翻过龟山，赶紧给有关系的同志送警报，然后把稚鹤安置在一个茶楼上住。

“你妈妈出远门了，就跟我住吧。管我叫爸爸好了。”说着脱下身上的棉背心给稚鹤盖上。

几天当中，老杨天天到龟山附近，探听消息，看见撤回了警号，才把稚鹤送回来。

这里再不能住了，党组织叫我转到济难会工作。我在桥湾那头一个煤铺的楼上，租到一间空房，搬了进去，并且和济难会的负责人张牧之接了头。

我们的济难会，并不在一处。一个姓陈的同志在汉口开了一家勤余米店，他自任老板，把我的二儿子应坚要去当学徒。我还在汉阳，就在煤铺对面，开了一个纸烟店。我们的任务是保存密件，传递消息，给蒙难被捕的同志打铺保，进行营救。

这时候，我才觉得立安不在身旁，是多么不便了。晚上，我和本纹二人用尽力气才能上上门板，第二天清早又得摘下来。如果立安在家，做这些事，一点也不费力。现在，他连家都不能回。石印行老板是个出名的酒鬼和赌棍，输了钱，喝醉了酒，便向徒弟寻事。我担心儿子受苦，有一天跑去看他，他却兴高采烈地说：

“妈妈，别担心。我可不是好惹的！那回他拿石印滚子打我，我就拿棍子和他对打。还跑到街上喊：‘你们看呵！蔡老板毒打徒弟了！’要是警察来了，他还得请人家喝二两。”他咯咯笑着，越说越起劲：“他打师兄弟，我也不答应，我说：‘要是你自己生的儿子，你可舍得呀！你把我们打急了，往纸堆里放把火，你连老板也当不成。’我又说：‘我们不到十八岁，放火也不犯法。’他真害怕，对我们直讲好话。爸爸说得好：人可以改造环境！”

听到这里，我也笑了。

“弟弟和妹妹都好吗？我真想他们。”他抱着我的脖子，厮缠着，还是以前的顽皮样子。

“他们都好。”我说。忽然我想起张浩同志临走说的话：“妈妈在学认字，你有空也看看书，不要老是贪玩。你看书吗？”

“看的。还给师兄弟念呢！”他停了一会儿，又问：“你们搬家了？为什么呢？”

我想了想，终于没有跟他说起“打官司”的事。

不久，勤余米店的老陈同志突然被捕了。米店被查封，应坚被扣留。济难会出了事，纸烟店也不能单独存在了。我不得不关了店门，赶紧隐蔽。但躲来躲去，总遇见叛徒。济难会的负责人张牧之待不住了，要去上海。他叫我收拾收拾，也随即动身。

对这个县城我并不眷恋，只是心头有种种牵挂。这里埋着丈夫的尸骨。二儿子被抓走，吉凶未卜。大儿子做苦工，朝不保夕。我怎么能硬起心肠，拔脚就走呢？但是，为着革命事业，我不能不割舍一切，离它远去了。

我尽快地收拾了行李，把要走的事情告诉了立安。

“妈妈要去上海了。你照顾弟弟吧，等他出来，一块儿去找我……”

儿子并不感到突然。

“你放心，妈妈，我们会照顾自己。应坚大概不会出什么事。我们很快就会去找你……你买船票不方便，把钱给我替你买。”

儿子处处这样精细，沉着。我心里想，他和爸爸的性格是多么相像呵！

当天晚上，我领着孩子们，摸着黑去向梅生的坟墓告别。后来又爬上龟山。在清澈的月光下，对岸的黄鹤楼，显出模糊的轮廓，江水汹涌澎湃，从我们脚下，滚滚而去。我不禁低声吟诵起梅生生前喜爱的诗句：“大江东去，浪淘尽，千古风流人物。……乱石穿空，惊涛拍岸，卷起千堆雪。江山如画，一时多少豪杰。”

大江，奔流吧！古往今来，多少豪杰之士，随波起伏，有的沉没，有的漂走。我，一个平凡的妇女，命运怀着恶意，把我打发到人世来，如今也卷进了时代的激流。任凭路程再长，险阻再多，也挡不住它奔腾向前。

十

这就是上海！跟武汉一样，江心停泊着外国轮船，船上插着五颜六色的外国旗；江边巍峨的建筑物，挂着晃眼的铜招牌，全是奇形怪状的外国字；码头仓库的墙壁上，漆着威风凛凛的“仁丹胡子”；几个外国巡捕守卫着码头出口，虎视眈眈地盯着过往行人。就跟武汉一模一样：都是帝国主义和他的走狗横行霸道的世界！

然而，这却是上海！一入市区，最触目的是“铲除共党人人有责”的大字标语；蒋介石那幅戎装画像，竖在不远的房顶上，俨然不可一世，这给各家商店“不顾血本”“买一送一”“出清存底”的大甩卖广告，作了最好的注解。街道上熙熙攘攘，店铺里冷冷清清……

忽然，警笛狂鸣。是汽车轧死乞丐，还是又抓住行窃的偷儿？可是，不等你思索一下，前面又锣鼓喧天，那是推销货物的广告队过来了，一个个画着怪脸，戴着二尺长的高帽子……

“太太，可怜可怜吧！”一个大烟鬼，跟在后边哀求着。

孩子们吓坏了，拖着我的衣角，只叫快走。这时，街道上行人一片欢呼：原来从先施公司的楼顶上，飘下雪片般的传单……

这就是上海！跟武汉一样：一边是残暴的统治，一边是英勇的斗争。

天已黑了。我们找到一家小客店，安顿下来，一人啃了两块“瓦片”（最便宜的一种烧饼），喝点白开水，算是晚餐。孩子们累了，都已入睡。我趁这个空隙，去和组织接关系。

老张住在潭子湾一带，一家人全在纱厂做工。我找到他家，他正提着一把酒壶，自斟自饮。

“糟透了！”他一见我，就阴沉地说，“这里也出了叛徒，组织被破坏了。我跑了几天，也没接上关系，急得像热锅上的蚂蚁。我正想回武汉，你又来了！”

我怔住了。满怀热望，劈头一盆冷水。这些该死的叛徒！

可是，我仍沉着地问道：“现在怎么办？”

“怎么办？等着呗！”

“等等等！”我急了，“你这就不对，等到哪一天？”

“你不用发火，我也是刚进屋。”他焦躁起来，好像受了委屈。

“那是我错怪你了。”我表示了歉意，“不过，总得想个办法，拿个主意嘛。”

“这我知道，”他挥了一下手，“你住在哪里？”

我告诉他住在客店里。

“明天我帮你租间房。”他说，“眼前也得过日子，我去跑跑，先找个生活！”

“生活你不必操心！别看人地生疏，我还能闯。我只要求你一件事：积极去找党！”

我出来了。走不远，他又追上来：“我送你。”

“送什么，我认得路。”

“天这么晚，一个人走路，不要叫人剥了猪猡！”

街上很静，很黑，有些冷。看来他的心绪好多了。他不住地讲着路劫的故事。在冬季，一些为生计所迫的蟊贼小盗，夜间暗处埋伏，单身人路过，他就跳出来，抛出绳索，套上脖子，拖到小弄堂里，把衣服剥个精光。这就叫“剥猪猡”。遇上有钱的“肥猪”，就可养活数口之家。还有什么“瘦猪”“瘟猪”“软剥”“硬剥”，真说得人毛骨悚然。

“这上海失业人口几十万，他们靠什么生活？”他愤慨地说，“有些人还不是靠抢劫、偷盗、诈骗！这个社会，天天在制造罪犯！可是，大亨们却叫嚷着要在马路上添设岗警，安装抢劫案报警扩音器。真是活见鬼！”

他一直把我送到客店门口。分手的时候，他又说：“你别见怪，我现在是一肚子牢骚，见什么都不顺眼！”

“发牢骚有什么用呢？倒不如咱俩也去剥个猪猡，还能解决点实际问题。”我很体谅他的心情，有意说得轻松些。“你要快些找党！不要老是借酒浇愁。”

“以前就听说你有股拗劲，我到现在才相信。”他摇摇头，“好吧，明天再去碰碰！”

过了几天，老张帮我租到一个亭子间，要我和女儿进纱厂做工。我做粗纱，本纹进厚生纱厂做徒工。早晨在街上买了饭团带着，把两个小的，托在邻居家里。

“妈妈做工去了，你和双林好好玩，”我对稚鹤说：“不要哭，也不要打妹妹。”

“不听话也不打吗？”

“也不打！”

母女俩早出晚归，天天如此。本纹一回到家，就躺在床上，“妈呀妈呀”不住声地叫唤：膀子酸了，腿疼了，脚肿了，闹个没完。

“妈妈呀，我受不了啦！”她叫完又哭。

孩子说的是实情。那时一个童工要做十二个钟头生活。本纹年岁小，够不上车，脚下得踩着凳子。一天下来，就是大人，也变成棉花条了，何况是孩子。我看着女儿红肿的双腿，心里发软。拿根水筹到老虎灶上打壶开水，轻轻给她揉搓着。

“你这个冤家，这么娇嫩，将来怎么生活呵！”

她只是哭，渐渐睡熟了。梦里还不住地抽泣……

我的遭遇，还要坏些。拿摩温（工头）嫌我是缠过脚的，跑不快，做了不到一个月，就把我辞退了。我有些惋惜，不是愁丢了饭碗，而是工作的门路又堵死了！

晚上，我爬上楼梯，大吃一惊：屋里灯光明亮，门锁已经打开，气炉子烧得呼呼响。

“糟了！出事了！”我马上站住，想往回走。

屋里似乎也听见楼梯响，忙打开门。天哪，原来是立安和应坚！兄弟俩喊声“妈妈”就扑上来，把我抱住了。

“放开放开，你们把妈妈拖倒了。”我一手揽着一个，进到屋里，欢喜得流出眼泪。“快告诉妈妈，你们怎么来的？”

“我们‘揩黄鱼’来的，一个钱也没花！”立安快活地叫嚷着，“我们躲在货舱里，简直闷坏了。弟弟憋不住，跑出来透透风，不想一下子睡过去，叫查票的抓住了。反正我们没钱，随便。真有意思。”

“你就是粗心！”我笑应坚。

“人家困了嘛！”应坚分辩着。

这兄弟俩真是奇怪的一对。一个老是叽叽喳喳，不肯安静；

一个却总是闷声闷气，不言不语。记得小时候，他们跟本纹睡在一处，总要逗她，逗急了，本纹就“妈呀妈呀”直嚷。我跑过去。立安缩进被子，嘴里不住地求饶：“再不敢了！”而应坚却翻着白眼，纹丝不动。因此挨打总少不了他。现在，兄弟俩还是老样子。

“你们米店的事，怎么了结的？”我问应坚。

“谁知道，放我出来我就出来！”

我只顾跟哥哥们说话，没有看见稚鹤也在屋里，他觉得受了冷淡，叫着说：

“妈妈，饭糊了！”

“你怎么也回来了？”我问。

“哥哥把我们接回来的。”稚鹤说。

我看他鼓着嘴，知道把他得罪了，忙把他搂过来。

“立安，快把饭锅端下来。”我说，“不是稚鹤提醒，饭要烧焦了。你说，今天哭了吗？”

稚鹤摇摇头。还说，他给妹妹做了一副望远镜哩。

不一会儿，本纹回来了。一家人坐在一起吃饭，我觉得我好久没有这样愉快。

我把床铺让给孩子们，自己打个地铺。可是立安硬要和我挤在一处。当孩子们都入睡了的时候，他趴在耳边悄声问道：“妈妈，你的生活怎样？”

“你都看见了……”

“我说的不是这个。我是说像汉阳那样的……”

孩子的话，又勾起了我的心事。我不能入睡了，我是多么想立刻投进火热的斗争里去呵。

十一

我们又有个家了。

离住处不远，有个花边行，专卖湘绣用品，手工并不精巧。心想：眼前无事，何不揽些活做？于是，我就去领了一批拖鞋、领口、绲边回来；有时也给成衣店加工半成品，钉钉纽襻，镶镶衣边。做多做少，一家人都靠它度日。

对面粮店楼上，住着一个姓唐的老太太，给人家洗衣服。她的窗口，正对着我的亭子间，一天，她来闲坐，顺便说道：“你怎么不进工厂做工？工厂挣大价码，比这强多了！”

“人家不要哇！”

“申新五厂有个王工程师，我常给他洗衣服，跟你们同乡，人家都叫他‘迂夫子’，有求必应。我们找他去，一定能帮忙！”

我的心动了。价码大小倒是小事，这机会不可错过！

立安眼睛也放光了，怂恿说：“妈妈，我们一起去！”

我们找到王工程师，这个白发苍苍的老人，听说我是湖南同乡，显得格外亲切。不过，他说，纱厂女工江北人多，都是大脚，我来做工，恐怕顶不住。这时，多嘴快舌的立安忽然插上来：“你看，我怎么样？”

“你多大了？”王工程师整整金边眼镜，端详着这个小家伙。

“十五！我有的是力气！”

“读过几年书？”

“五年。”

王工程师显得非常满意。

“明天你再来一趟，”他站起来拍着立安的肩头，“也把书带上，半工半读，我帮你补习功课，还可以考学校。”他又转向我，“半途而废，这是你的过错。”

想不到事情会这样顺利。儿子能有着落，我也就心满意足了。立安更是欢天喜地，走路甩起膀子，就像飞似的。忽然，他用手撞撞我，悄声说道：“妈妈，你看……”

在临街花园的墙壁上，刷着“打倒反革命的国民党”标语，黑色臭油的印迹还未干，好像是刚刚刷下的。

我的心绪又烦乱了。同志们随时随地都在和敌人战斗，我却站在圈外。

立安进工厂去了。起初在办公间当茶房，侍候先生，无非是扫地、倒茶、打水、跑腿这些事。这是王工程师特地给他安排的轻松活。可是立安不满意。

“这算个什么，当听差的！”他一回来就咕咕哝哝，“那些写字先生，都是衣裳架子，树叶儿动一动，就打喷嚏。成天讲谈什么哑巴恋爱，螃蟹成精。真没意思！”

不久，派他去铜匠间学徒了。

“哈哈！这才带劲！”他一开口，神气活现，“真正的工人！累断筋骨，也浑身舒服。闲下来，骂骂资本家，逗逗工头，可真开心！”

我不知道那时他已经得了肺病。晚上回家，总是脸烧得鲜红，睁不开眼。他用冷手巾捂着脸，一边还跟小家伙们玩打鼻子眼睛。有他在场，家里总是笑语连天，不觉得寂寞。

吃过晚饭，他照例掏出揉皱的书本，读上几页，或是看看报纸。困了，就站着读，或是小声念，免得睡着了。

“今天没有白过。”他躺在地板上，自言自语着。可是马上又爬了起来，因为他想起答应给人代写的家信还没有动手。

“快睡吧，你不要命吗？”我忍不住了，硬按他躺下。

“妈妈，答应过人家的事，怎好不做？那不是骗人吗？”孩子哀求着。

我只好放开手。

直到把信写完，他才蜷缩成一团，安安静静地睡去。他打冬天起，就睡地铺——洋灰地上，铺半张破席。我估计到他有病，让他睡床上，跟别的孩子换一换，他总是固执地拒绝了。

“我是哥哥！”他这样说，好像这个理由最充足。他不愿让弟弟妹妹去受委屈。

转眼就是夏天。老张忽然找上门来了。

“给你个任务，你干不干？”他故弄玄虚地问。

“爽快点，别藏头露尾！”我说。

“其实也不算什么任务！”他犹豫了一下，“直说吧，区委书记的太太死了，两个孩子无人照料，你能不能带几天？”

“就这个吗？那有什么不可以？”

“我怕你不同意，”他说了实话，“你有一堆孩子，何况又是做娘姨……”

这是从何说起。我说：“怪你自己糊涂！做革命娘姨有什么不好？我替他看孩子，他一心工作，对革命不是一样有利吗？”

他狼狈极了。

“别吵架，我认输。你这一段演说，几乎叫我忘记一件大事。组织上想叫应坚去学排字，将来自己好建立印刷所。如果你同意，我现在就带他去！”

“如果我不同意呢？”

大概他以为我又要吵架，连忙要作解释。其实我一点也没有要讲价钱的意思，只是不满意他说话少不了“如果”，太拖泥带水。

“革命需要，去就是了。我是革命的，孩子也是革命的！”我说。

这一天，我真有说不出的高兴。在革命最艰难的时候，我也能尽到自己的一分力量了。

上海的夏季，常有暴风雨。黄昏时候，雷雨刚停，一个穿长衫的人，闪进我的屋子，怀里抱着两个孩子。这就是沪中区委书记何孟雄同志。

“梅嫂子，麻烦你了！”他斯斯文文地说。随即把孩子放在铺上。

“都是自己人，说不上麻烦。我能力有限，做不了什么。能替你们减轻一点拖累，也是好的。”

“我早就听龙大道同志说过你，想不到你也来上海了。你拖儿带女，始终跟党走，真不容易！”

我问了这两个孩子的情况，原来孩子的母亲缪伯英病故，孩子无人照料，家里的亲友又不能够到上海来。

外面又是暴雷暴雨，震得窗户簌簌地响。忽然立安回来了，全身都在往下淌水，地板也弄湿了。

“妈妈，我不干了！”他嚷着。转脸望见何孟雄同志，又调皮地说：“你不说，我也知道你是谁！”

何孟雄同志笑了。

“真了不起！你们家立安会看相哪！”

“你怎么知道我的名字？”立安奇怪了。

“瞧你这记性！你给我送过《大江报》，就忘了？”

“不对不对。见过一次，烧成灰我也认识！一定是妈妈告诉你的！”立安边说边抖着身上的水。

我也搅糊涂了。仔细一想，何孟雄见过龙大道，准是龙大道把我们家的情况都告诉他了。立安蒙在鼓里，还在一味纠缠。

“快换衣裳吧！地铺打湿了，晚上不睡觉？”我说。

立安拧干衣服，晾在楼梯上，只穿一条短裤。回来又继续盘问何孟雄。他就是这个脾气，一件事不搞个水落石出，决不罢休。

“你还是先说说，为什么不干了？”何孟雄故意回避孩子的追问。显然他对这种捉迷藏游戏的兴趣，也没有消失。

“说起来气死人！”立安指手画脚起来，“工厂天天搞什么合理化鬼把戏，逼着工人开快车，拉屎撒尿都不许，我们铜匠间就憋死过人！”

“就为这个不干的？”

“哪里！那是以前的事，我还没进厂。”立安话一开头就收不住，“天天紧张得饭也吃不上口。今天晌午正吃饭，工头叫我去买香烟，我说：‘等会儿吧，吃着饭哪！’工头火了，一跳三尺高，说：‘好大胆子，叫你还不动弹！’我说：‘肚子饿了，还不叫吃饭？我又不是听差。’工头说：‘小瘪三，你还敢顶嘴！罚你四毛钱！’我说：‘罚四毛太少吧？我一天还挣不到四毛！’工头说：‘好！一句话罚你四毛！’你算算是多少！你罚你的，

老子不干了!”

他一边说一边表演，模仿着工头的腔调，好像是在戏台上。何孟雄不时提醒他，压低嗓门，当心外边听见。可是孩子太兴奋了，说着说着，就忘乎所以。

“你不像交通员，倒像个演说家!”何孟雄半似责备地说，“不过，你倒做得对！应该给他们点颜色看看!”

可是我却想起介绍人的一片好心，该怎么向那个热心的老头儿交代呢?

“你跟王工程师说过没有?”我问儿子。

“说过了。他怪我不懂事，叫我赔个礼，还是回去。难道因为他，我就得逆来顺受，给人家做牛做马?”儿子理直气壮地回答。

“是不能回去，你要回去，那就是软骨头。”何孟雄说。

雨还没有住。从窗口往外看，街道都成了河。我们劝何孟雄就住在这里，万一孩子到一个生地方不习惯，也好哄一哄。他同意了。立安得到这个答复，高兴得发狂，连忙去收拾地铺。何孟雄趁这当儿悄声对我说：“梅嫂子，你太吝啬了。家里有立安这样的孩子，怎么还不把他献给党呢?”

“怎么，你能把他带走吗?”我惊喜地问。

“明天，我一定要把他带走，你不答应，我就拐走。他会成为一个好的战士。”

这太好了！他本来就属于党的呵!

地上还有些潮湿，立安特意铺上那床光板毛毯。现在他变得安静了。当他俩躺在地铺上的时候，还叽叽咕咕，没完没了。孟雄开初给我的印象是温文尔雅、沉着老练，没想到他是这样热情，甚至带点孩子气。我睡得模模糊糊了，好像他们还在谈我们过去的生活。

忽然立安像发现奇迹似的，叫嚷起来："现在我可知道了，你以前没见过我，我的事你是听龙叔叔说的！"

"你这个小机灵鬼，我上了你的圈套了！"孟雄也忍不住笑了，"不过你还是小声点好，街上的警察可没有睡觉呢！"

原来他俩还在继续那中断了的"捉迷藏"游戏。

十二

不久，何孟雄把两个孩子送到他哥哥家里照管，“你应该为党做更多的工作，我不能那么自私!”他这样解释。随后，调我到区工联住机关。住了一个月，又调到共青团中央秘书处。

秘书处机关设在英租界卡德路树德里，是一幢两楼两底的精致小洋房。我带着稚鹤和双林搬了进去；此外，再不住别人。工作是保管和分发文件，给来开会的同志们担任警戒，博古同志，还有王明也常来“办公”。他们躲在楼上整天地写，我就给他们做饭、放哨。

租界上不查户口，租房也不要铺保，只要有钱，房东是不管你什么来历的。那时租界上一天十几起抢劫案，旅馆里窝藏肉票，乃是公开的秘密；贩卖枪支，是合法生意；失意政客、垮台军阀、下堂姨太太，这些民国以来特别繁盛的产物，都把租界当作“安乐窝”。真是五方杂处，环境复杂。光是一条街上，就有大烟馆十来家，花柳病院两家，当铺五家。此外还有数不清的酒店、饭馆、赌场；几乎每个里弄都有暗娼和私设的大烟馆“燕子窝”；还有赌场“花会”机构。不消说，它们都是为寄生虫们服务的。这就是帝国主义和国民党统治下的上海的“繁荣”。

然而，我们就在这种环境里坚持工作。按照地下工作的纪律，三个大孩子不能来我这里，只许我去看望他们。立安跟何孟雄住在区委，应坚住在印刷公司。这两个孩子都能自理，我只不放心女儿本纹。她住在纱厂里，人又那样娇嫩，谁知道会出些什么事。

不过，立安对妹妹、弟弟比母亲更关切。他常常带上他们去参加一些活动，分配一些事情要他们做。也许是考虑到妹妹太娇气吧，他给找了一个“保姆”照料她。这个“保姆”也在纱厂做工，叫祝三妹，是个共青团员。现在她俩住在一处，形影不离。当交通员廖似光同志告诉我这个消息的时候，我不禁高兴地想：这个小哥哥想得倒周到。

“你去看看吧，我替你看家！”廖似光怂恿着说。她很年轻，长得漂亮，打扮得花枝招展，像个贵家千金。人又机警、老练，身藏重要文件，出入闹市，如入无人之境。连外国巡捕也不敢惹她。

是的，好久没有见到孩子们了。我按着地址找到祝三妹的家。祝三妹上班去了，家里还有个老妈妈。本纹在这里吃，在这里住，老妈妈还替她浆洗、缝补，就像待自己亲生的女儿。

“现在的姑娘家，真野得不像话，”祝妈妈慨叹着说，“管不住了！”

本纹是做夜班，正蒙头睡觉。听见我说话，翻身跳起来，就像喜鹊似的叫喳喳。

“妈妈！你怎么来了！”

“来看看你们呀！”我把她搂过来，“瞧你长得这么高，这么胖！可是祝妈妈却累瘦了！”

“祝妈妈可好了！这些日子，我就没吃过冷饭……”

大概祝妈妈想让我们母女俩好好谈谈心，说是要办些事情，躲出去了。

忽然，我发现本纹左眼下面，有一块青。

“怎么搞的？打架了吗？还那么娇气？”

她摇摇头：“拿摩温打的！”

做童工挨打是常事。早先听见几句同情的话，她的眼泪马上流成了线。我怕她撒娇，没敢再说什么。可是出乎意外，她却安慰起我来了。

“没什么，让他打好了。”女儿说着，还挺挺胸脯。“压迫我们，我们可有办法对付：打慢车，磨洋工，鬼子来了就做做样子，一离开，马上关车！想睡就睡，爱玩就玩。拿摩温追着打，抓住这个，跑了那个！他怎管得住呀！再打，我们就摆他的‘堆老’。”

“摆堆老”就是用蒲包装上粪便，套在人的头上，工人们常用这个办法惩罚工头。后来她又压低嗓门神秘地说：“妈妈，你不知道，哥哥还让我撒过传单呢！”

“真的？”我越听越入神。女儿不那么娇气，使我高兴。

“当然是真的。不信你问哥哥。我撒过好几回，还给拿摩温衣袋里塞了一张！”

“你又信口开河了！”门外有人说话，我一下听出是立安的声音。

本纹飞跑过去：“哥哥！妈妈来了！”

立安后边，还跟着应坚。就像每次见面一样，上来就抱脖子，缠得你东倒西歪，才肯松手。可是，应坚却显得拘谨，好像在生闷气。

我望着立安：“怎么，你们怄气了？”

立安不作声，只是傻笑。

我又问应坚。这孩子闷声闷气，没头没脑地说：“哥哥寻包探开心，我拦也拦不住！”

原来，南洋兄弟烟草公司浦东分厂无故关闭，好几千工人失业。工人推了代表团一百多人，到社会局去请愿，没有结果。因此，工人罢工了。今天，有三四百工人，集合在草坪上开会。

哥哥想叫弟弟去“见见世面”，就把应坚拉去了。一个女工正在台上讲话，不料讲到半路，一个暗探跳上台去，把她推下来。

“这个会不合法，没有经市党部批准，不许开会。”暗探说。

工人摸不清头脑，正要散去。立安马上在人群里喊道：

“不要上他的当！工人开会，讨论自己的事，就是合法！他破坏罢工，不是好东西，撵出去！”

工人把暗探撵跑了，继续开会。散会后，兄弟俩坐摆渡过江，结伴来看妹妹，路过市党部门口，正好遇见那个暗探。

“怎么你才来报告，人家早散会了！”立安迎上去，故作惊奇地问道。

“我早来过，没人接见！”暗探老实招认说。

“说说好听，你东游西逛，办事不用力，当心摘掉派司！”立安想吓唬他。

“这真冤枉！我叫人赶出来，几乎挨了揍，”暗探真急了，“你们可不能瞎说呀！……”

“见你的鬼！”立安笑着跑开了。一路上直骂暗探笨蛋。可是弟弟却不满意，觉得用不着这样暴露自己。他对哥哥从来是言听计从的，只这一回，他有了主张，偏偏又说不服人。哥哥说：“他知道我们是做什么的？拿他开开心，尽当看场猴戏！”

“是哥哥不对，”我排解说，“不该开这玩笑。勇敢不是表现自己。把暗探撵走，这就够了。你不能说，‘他不认识我’，就得意忘形。万一认出你呢？”

“那可真得给他去作证明了！”立安笑着说，显然想叫这件事快些结束，谈些别的。

我看着立安，艰苦的斗争，并没有改变他好动活泼的性格，只是好像瘦了些，也黑了。一身黑色的学生制服，看来又瘦又小，紧紧绷在身上。从他跟何孟雄走后，他就成为一个共青团员，一直生活在工人当中，常常从浦东跑到沪西，从南市跑到沪东，几个大厂子里，几乎都有他的朋友。他愉快地给我讲着这些日子的遭遇，本纹在一边添油加醋。应坚不大作声，几次想说话，也插不上嘴，就跟着傻笑。

立安说，有一次，他到浦东一家纱厂开会，因为发高烧，突然晕倒了，工人们把他藏在一架停用了的机器下面，上头盖满纱头，这样才瞒过了工头的眼睛。他们还借用一个私立小学的礼堂，给工人们演戏。他装大肚皮资本家，就穿的这身学生装，里面塞上烂棉花，把下边纽扣都崩掉了。

“妈妈呵，”本纹又抢话头说，“你不知道，哥哥还编过好多歌子呢！……”

她生怕别人打断她，话没讲完，就唱起来：

天下洋楼什么人造，
什么人坐在洋楼哈哈笑，
什么人看门来把守，
什么人为工人坚决奋斗？

天下洋楼我工人造，
资本家坐在洋楼哈哈笑，
国民党看门来把守，
共产党为工人坚决奋斗！

“你等一等。”她唯恐别人说话，一边摇着手一边又唱：

工人诉苦情，
唱把诸公听，
早上五点就起身。
一个大饼当点心，
…… ……
中午开水把饭泡，
做工一天头昏眼又花，
提着饭篮疲疲倦倦回到家，
还要洗衣浆裳造饭茶。

立安不愿意让妹妹把时间都耽误过去，忙说：

“这有什么，弟弟才好玩呢！老板给咱们印传单，还拿钱请客，叫他们莫往外说，他排一回传单，就大吃一顿……”

他笑得几乎要流出眼泪。我也笑了，觉得这真是一件滑稽透顶的事。应坚虽也咧着嘴笑，可是又不解地望着我们，好像是说人家情愿花钱请客，我又没有讹他。这有什么好笑！

不知不觉，已过去了很长时间。我对孩子们的景况非常满意。在党的抚育之下，他们不仅学会了独立生活，而且能在复杂的环境里，跟敌人斗争。我做母亲的，也就觉得放心了。

“住在这里，手脚放勤快些。不要娇娇滴滴，动不动就哭！”我嘱咐本纹说。

“我好久不哭了。”本纹分辩着。

“回来替我谢谢祝妈妈。”我一边说，一边往外走！

“妈妈，”立安悄声说，“这里有后门，我送你出去。”

孩子们依依不舍地拉着我，我又亲了亲他们，不让他们送。本纹眼圈忽然红了：

“妈妈，你什么时候再来？”

“有空就来，”我说，“你不是好久不哭了吗？”

她不好意思地背过脸去。我趁空溜出了小巷。

十三

四月八号这天，我起得特别早。推开窗子，一股潮湿的空气钻了进来，天阴沉沉的，像要下雨。我把楼上楼下的地板都洗了一遍。稚鹤来说：双林哭了。

双林发烧好几天，始终不退。我走进里屋，摸摸孩子的头，滚烫。我留稚鹤照看妹妹，忙去买药。

平时车水马龙的南京路，现在冷冷清清。也许时间还早吧，商店都未开门，连叫几家都无人应。我好生奇怪，看看四周，才发现各个路口，都是双岗双哨。怪不得连路旁的早点摊子，也摆得少了。有几个闲人，在巷口交头接耳议论：共产党要“大暴动”。

当时党的领导机关仍设在上海，不断号召中心城市举行总起义。动不动就搞游行示威，飞行集会。鞭炮“劈劈啪啪”一响，街上就集了一群人，喊口号，散传单，砸电车。结果是积极分子大批被捕，秘密组织大批遭受破坏。这种错误做法，使革命力量受到严重的摧残。可是今天又不是节日，敌人戒备什么呢？忽然我想起：前几天，南京下关和记工厂工人因为罢工，被英国水兵杀伤了十几人。立安曾说，上海要开群众大会，援助和记厂的阶级兄弟，抗议帝国主义的罪行。那么，敌人是在防备这个事吗？

我在弄堂口一家小药铺，买了些成药，回来给双林灌下去。不一会儿，孩子竟昏迷过去。我用毛巾被把她裹着，搂在怀里。她不哭不叫，好像静下来。再摸摸脸蛋，她已经断了气。

我的眼泪成串地滚下来了。我把孩子放在床上，真怕再看她一眼。

“应该早些埋掉！”我心疼地想。随着走了出来，准备去买棺材。巷口有几个警察，拿着哭丧棒，在驱赶行人。忽然，欢声震天，红旗招展，一支工人队伍，推倒铁刺路障，冲过来了。工人纠察队，手持铁条、木棒，前头开路，打得警察抱头鼠窜。“呜呜呜”，敌人的铁甲车，也号丧一样出动了。恰好，从另一个方向，又冲出一支工人队伍，同敌人交了手。“当当当！”全速疾驰的电车，驶到街中心，猛一停，司机跳下车，高声叫喊：“罢工了！”于是，乘客们纷纷跳下车来，亮出了红旗。

街道上，波涛汹涌，像咆哮的海洋。几路工人大军，连续突破敌人七道封锁线，汇集到市中心，又向西藏路前进。不久，传来连珠般的枪声。

“糟糕！又流血了！”我一时没了主意，急忙跑回楼上，抱起小双林的尸体。不知怎的，我总觉得这小小的尸体，浑身都溅满了鲜血。

黄昏，杠行把双林抬去掩埋了。我顾不得跟着去墓地，忙跑到祝三妹家，看孩子们回来没有。祝妈妈急得满屋里乱转。

“天哪！准是出了事！他们几个早晨一起走的，外边又是枪响，又是铁甲车，怎么挡得住！”祝妈妈差一点哭出来。

“要是出事，总会有一个回来，他们都很机灵，不会等着挨枪的。”我安慰她说。

本来想打听一些消息，不料倒增加了心事。尽管焦急，我却极力克制着自己，不动声色。这个好心的祝妈妈，已经受够折磨了。

离开祝家，我又跑到立安住的阁楼上。立安不在，屋里只有和他同住的小李一个人，头上裹着纱布。我心里凉了半截，头发直往上竖，有气无力地站在门前，不能动了。小李一把将我拖进屋去，扶我坐下。

“怎么了，陶妈妈？”他不安地说，“立安他们刚走，开会去了。你是找他吗？”

“他们跑出来了？”我松了口气。

“差一点……好险！”他说，顺手给我倒了一杯白开水，“不过，都跑出来了！”

“你的头……”

“没关系，擦破点皮，抹点红药水就好了。可是，偏叫我休息……”他一边说一边咧嘴。

“祝三妹呢？”

“跟立安走了。”

“谢天谢地！”我几乎要感谢神明的保佑了。

小李说，这次参加游行示威的人很多，光烟厂、丝厂、纱厂工人，就有几万人。还有学生。他们的会场原预定在西藏路的宁波同乡会。九点钟，人还没有来齐，几个纠察队员就打开会馆的铁栅门，抱着许多宣传品冲了进去。但是帝国主义的捕房早有准备，群众还没有来得及跟进去，捕房的警备车开到跟前，大批探捕跳下车，把冲进去的五个人捉住，没收了宣传品，回头又驱散群众，严严关上了会馆的铁栅栏。

群众又转到贵州路北京大戏院，那是预定的第二会场。因为沿路有探捕截击，先到这里的才五百多人。立安领着二十多人从纸烟店旁门冲进大戏院，占领了会场。不料这个戏院的买办走狗乘人不注意，把门锁上了。一边狂吹起警笛。

立安他们被隔绝在里面。外边的群众都大喊：“冲进去！”一边扭大锁，一边呼口号，飞散传单。敌人的武装赶来，包围了群众。这时，立安他们砸开太平门往外冲，巡捕们挥着铜头手棒迎面就打，沪西区工人纠察队长刘义清从外边抢进核心，打翻一个巡捕，一边高呼："快冲！"

敌人开了枪。

立安拖着本纹，跑到对边的人行道上。本纹回头一看，惊叫起来：

"哥哥！老刘倒下了！"

兄妹俩又回来抢救老刘。然而老刘已经牺牲了。工人们退到一条巷子里，重新集合打散的队伍，打起红旗，冲上了大街。

"我们的牺牲太重了！死伤十多个，被捕好几十。"小李说，"立安他们正在开会，讨论救济烈士家属的问题。他知道你会担心的……"

"谢谢你！你好好休息吧。"我告辞出来，急着要给祝妈妈送这消息，叫她好放心。

这以后，我好久没见着孩子们。不过，他们的情况还是时常传到我这里。我知道，大孩子没有更换的衣裳，太脏了就脱下来洗一洗。有好太阳，放在外面晒；没有太阳，就用火烤，自己光着膀子，躲在屋里。我也知道，二孩子去找哥哥，哥哥不在家，他就站在墙角，等上四五个钟头，也不想想是不是出了什么问题。我还知道，兄弟俩结伴上街，拿粉笔写标语，你写一个字，我写一个字；走两个来回，就写好一条"打倒刽子手蒋介石！"

他们的一举一动，好像电影一样，不断在我眼前闪过。既

使我愉快，又使我担心。

转眼又是五月。敌人的戒备更森严了，沪南、沪北各个要道都有军警出防驻守；北火车站一带不许结伴行路，被认为可疑的人，马上扣留；公共租界、法租界和华界交界处都关上铁栅栏门，加派巡捕守护；三道头们骑上脚踏车往来奔走；连大炮也架上了街头。敌人把这个月当作灾难来临的月份。因为一到这个月，工人游行示威会接连不断。

孩子们又成了“马路之王”。“五一”劳动节这天，立安组织五百个童工，在华德路跑狗场集合，会后准备游行示威。

事先，他把一面红旗用报纸包好，交给本纹拿着，嘱咐说：

“你找根竹竿子带着，等队伍排好了，我一摆手，你就把旗子扯起来……”

临出发，又掏出一张大饼，吩咐妹妹：

“万一出了事，你就装成看热闹的，在旁边吃大饼……”

妹妹按约定的时间，赶往跑狗场。那里已经聚集了好多人。她四下里找哥哥，看见了。哥哥摆一摆手，她忙打开纸包，抖开旗子。

“的！的！”突然警笛响了。出丧用的大卡车冲进人群，队伍散了。

本纹把大饼忘到九霄云外了，撒腿要跑，衣领已经被人揪住了。

“往哪儿跑！”巡捕吼着。

“你干什么!”本纹拼命挣扎，边哭边嚷，“你凭什么揪住我!”

“旗子哪里来的?”

“我怎么知道！我是看热闹的。”

巡捕“叭”地给她一记耳光，不由分说，连拖带拉，把她扔上了卡车。

这一次被捕的人很多。孩子们把立安掩护起来，敌人没有发现。

济难会得到消息，连夜往牢里送东西，送糖果，为的是安慰和鼓舞这些孩子。

过了好多日子，组织上着人通知我，说本纹被捕了，改了名字，叫王阿二，让我去看她。

“这么说案情不重。”我想，带了几块点心，往牢房去了。

牢房里关的全是娃娃。说也有趣，探监的也多是妈妈。我站在牢房门口，等了好一会儿，里面才出来一个小女孩。我简直认不出这就是本纹，又黑又瘦，走起路来还有些摇晃，不是她喊我，我还不敢打招呼。

“妈妈!”她一开口，就放声大哭。

“不要哭，这么大人，哭什么！有话好好说。”我说。

“妈妈,”她越哭越凶,“他们不讲理，我去看热闹，他们也抓我，还打人……”

“你也会哭呵!”一个三道头跑过来讥诮说,“我还以为你们就会唱歌！这几天，你们在牢里也反得够了！你早这么哭，不是早出去了！”

“我哭我的，你管不着！你们高兴养活我，我就住着！”本纹不哭了，高声叫嚷着。

“怎么样，我就知道你是假装的！小赤佬！”三道头得意扬扬地说。

“你们打人，不给吃的，丧天良的猪头三！”牢房里的孩子们一齐嚷起来。

“骂吧，越骂越有吃的！”三道头讪讪地走开了。

牢房里饮食恶劣，孩子们闹得凶，伙食反而越坏越少；最后每人每天只给两小碗糠。本纹病倒了。监狱的大夫说是伤寒；可是开的却是泻药。

本纹关了四十多天才释放。出狱的时候，路也走不动。我叫了一辆黄包车，把她送进医院。

十四

两年来，秘书处机关没有遭到敌人的破坏，也没有搬场，这确实是不易的事。当时常常出现这种情况：一个机关建立不几天，就被包探监视起来；或是发现跟机关有联系的同志被捕，地下机关不得不马上搬走，甚至一天要搬几次。

敌人大量收买叛徒，充当爪牙，侦查党的地下组织。这些无耻的败类深知我们活动的特点，因此他们就成为最可怕、最狡黠、最难应付的对手。

斗争是更加复杂了。敌人不像初期那样，捉住革命者，连口供也不问就杀掉，而是在各地遍设反省院、感化院，长期监禁革命者，让他们读“党义”“道德经”，来摧毁他们的信仰；

用金钱美女、高官厚禄来引诱革命队伍中的意志薄弱者，供他们驱使；敌人用尽种种手法来摧残革命，几乎是无孔不入。我们再像在汉阳那样大模大样工作是不行了。

在这险恶的环境里，我们机关掩护得很巧妙，出入都要遵守严格的规定。我对外的身份是军人眷属。邻居问起，只说丈夫在第九军顾祝同手下当副官，驻防外地。为着遮人耳目，墙上的信袋里，还插着几个军事机关的大信封。尽管这样，却仍有人疑心我是什么官僚的“外室”。因此，我不仅要防备“包探”。还要防备绑匪、窃贼，怕他们真的把我当作有钱人家，不知趣地闯进门来。我们有个机关，就是夜半被窃贼盗走一包文件而暴露的。

幸好，除了收房捐、查水表，再没有外人来骚扰这个安静的“公馆”。门铃一响，小稚鹤忙抢着爬上小凳，望望门洞外面，然后告诉我：“妈妈，是自己人，上回来过的，能开吗？”

战斗的生活，使得小孩子也懂得应该防备什么人。

只是稚鹤太寂寞了。平时不许外出，只好从楼下跑到楼上，又从楼上蹦到楼下。唯一的游戏，就是用黄泥巴捏小人。玩厌了，就毁东西：将好好的门把手拧下来，“修理修理”；把自来水龙头、插销拆下来，“检查检查”；把手电筒灯泡拧下来，改装“收音机”；把电池掏空，改装“电话机”。

“稚鹤，电灯不亮了！”姐姐挑逗他。

“不怕，有我呢！”小东西不知天高地厚，卷卷袖子，就要动手。

“你不要命了！”我打了他一巴掌。“电可是好玩的？”

本纹捂住嘴哧哧地笑，稚鹤知道受了愚弄，气呼呼地说：

“你这个秃脑壳，不是自己人！”

“不是自己人”，这在他嘴里已经是最严重的“诅咒”了。

本纹出院以后，就躺在家里，头发脱光了，身上蜕下一层层黑皮，还没有完全复原。

“别闹，你听！”

门铃响了。

稚鹤马上安静下来，侧耳听了一会儿，辨别出是预定的信号。

“是自己人，妈妈。开后门吧？”

我们经常更动联络信号。有时来的人在前门按过电铃，却要绕到后门进来，防备万一机关遭到破坏，又来不及拆除警号，来联络的人不至于落进敌人手里。

后门开了，廖似光笑吟吟地站在那里。

“我给你们带来一位稀客！”她快活地说。

她后面跟着一个年轻人，不等我看清眉眼，就把我脖子抱住了。

“妈妈！”

我的天哪！这不是立安吗！

稚鹤见是哥哥，马上扑过去，像小斑鸠似地直叫着“哥哥”。本纹听见喊声，也从楼上跑下来，一边嚷着：“哥哥！哥哥！”一边扑上去了。

“我把他带来，也不谢谢我！”廖似光一边开玩笑，一边告辞。

立安穿着一件蓝线布棉袍，脚下穿着一双黑皮鞋，个子高过我一头还多，在灯光下，显得神采奕奕。他双手举起稚鹤，连声说：“好沉，好沉，简直抱不动了。”

稚鹤受到称赞，顿时神气活现。

“这半年多，你跑哪里去了？我也找不到！”我好容易插上嘴。

“我跑得可远啦，苏联！”孩子兴高采烈地说，“我到莫斯科开赤色工会国际会议去了！”

“你去了苏联？怎么不跟我说一声？”

“我是想来。”孩子承认说，“我走到巷口，又转去了，因为这里不是我该来的地方。我又不愿意让别人来告诉你这样好的消息……”

孩子遵守纪律的精神，他那种天真的想法，都使我感动。他等了半年，才把这可喜的消息告诉我，只是为着和妈妈一起分享这难得的快乐……

“回来多久了？”我拉他坐在身边，抚着他那一头不驯服的头发。

“快半个月了！”孩子说，“净忙着工作，抽不开身，真急死人！今天还是孟雄同志硬把我赶出来的！”

稚鹤扯住哥哥的棉袄襟着急地问：“你还走吗？”

“你说呢？”

“我不让你走！”稚鹤撒赖了。

“那也不错，整天陪你去捉洋迷迷。”

“这回该掉进黄浦江里！”我笑着说。

“不过，我学会游水了！”立安也笑着。停了一会儿，又问：“应坚怎么样！还那么老成？”

“你说二哥呀？还是那样。总是反穿裤子，左脚的鞋穿在右脚上。”本纹抢着回答。

我在窗下搭上铺板，让立安去睡；他不肯去。

“妈妈，挤一挤吧，”他央告说，“睡一个床多暖和，说话也方便。”

“真是孩子气！”我心里好笑。“跑那么远，顽皮劲也没改掉。”

立安参加工作以后，还是第一次“回家”。我们虽在一个城市，久不见面，也都习惯了；但一见面，就有说不完的话。一种超乎家庭、母子的情感，使我们在最细微的生活中也接近起来。

“妈妈，我已经入党了。”孩子悄声说。

“那就要拿共产党员的标准来要求自己。”我勉励孩子，“可是，我一眼就看出，你还是那么幼稚！”

“你是说我爱蹦蹦跳跳吗?”孩子说，“我想改也改不过来，总觉得什么都挺有意思。”

其实，我心里是喜欢孩子那种乐观性格的。斗争尽管艰苦，可是永远精神勃勃，勇往直前。革命正需要这种性格呵!

孩子说，从苏联回来，他担任了共青团江苏省委委员，还兼任上海总工会青工部部长。同何孟雄一起，住在沪东工人区。

一提起苏联，孩子的话更多了。

“妈妈，你在听我说吗?”我应得慢些，他就追问，“我们在莫斯科开完会，又集中起来学习，到各地去参观。苏联是工农当家，人人有工做，人人有地种，人人有书读，没有人剥削人，更没有外国巡捕站在街头殴打本国人。现在还有困难，将来会更好的。我们要把中国也建设成苏联那样！你说是不是?”

“那要到什么时候呢?”

“反正总有这一天!”他沉默了一下，好像真的在计算日子：“顶多十年八年。”

“到革命胜利，妈妈也该爬不动了!”我有意这样说。

“那就进养老院!”他快当地说，好像眼前就掌管着这项职务似的。

养老院，在当时只能是一种幸福的憧憬。我们的同志常常被敌人追捕得东奔西躲，住不起房子，只好在车站排椅上，或是商店的台阶旁过夜。他们牺牲一切，茹苦含辛，不是为着自己能度幸福的晚年，却是为争取后代子孙幸福的将来。

“妈妈！你听我说，”孩子又推推我，“我在莫斯科还给报纸写过文章呢……”

过了一会儿，他又摇摇我的膀子：“妈妈，你睡着了？”

“你说吧，我听着呢！”

“妈妈，没什么，我喜欢这样叫你。”

“真是孩子气！”

早晨，他要走了。稚鹤拖住袖子不放，哥哥说：“你好好等着，到了春天，我带你们几个去看桃花！”

他站在我的对面，仔细端详着我，好像忽然发现了什么，吃惊地说：“妈妈，你头上有了白头发了！”

“是吗？”我说，“可是，我觉得比过去还要年轻呢！”

儿子刚要走开，却又迟疑起来。但终于说：

“妈妈：你好好保重自己！也许我很快就要去苏区开会，恐怕没工夫来看你……”

十五

跟城市党组织受到严重破坏相反，一九三〇年是红军大胜利的一年。七月，红军攻入长沙——我出生和长大成人的地方。八月，又逼近南昌，在庐山避暑的外国人也吓跑了。冬天，蒋介石派出七个师、十万人马，第一次“围剿”中央苏区，结果是大败而归，前敌总指挥张辉瓒被红军活捉。愤怒的人民处决了这个杀人魔王。蒋介石吹吹打打，给他下葬，却不得不找木匠，现做一副木头身子。

“你们也有今天！”我愤恨地想，工作起来，浑身是劲。几年来，我在城市里不断看见自己的同志被关进牢狱以至被杀害，屡次经受亲人死亡的痛苦。现在，我却看到了敌人应得的下场！

工农红军一天天壮大，红色根据地遍及江西、福建、安徽、河南、陕西、甘肃、广西和海南岛。因此，党决定召开全国苏维埃第一次代表大会，建立自己的红色中央政权——中国工农民主中央政府。立安说，他可能去苏区开会，就是指的这件事。

一九三一年一月十七日，立安到三马路远东饭店开会。参加会议的有林育南、何孟雄、李求实、龙大道、柔石、殷夫、胡也频、冯铿等三十多人。不料会议还没有开始，旅馆就被巡捕包围。到会的三十多个同志，一齐被捕，押进了老闸捕房。

当廖似光告诉我这个不幸消息的时候，我头上好像猛然遭到沉重的一击，半晌说不出话来。

“只要不引渡就好。”廖似光怀着一线希望，显然是在安慰我。

“我有精神准备，事情发生了，就别指望侥幸！”仇恨给我添了勇气。我转身对站在旁边的本纹说：“快去通知你二哥，大哥出了事，不要再去他住的地方！”

晚上，我失眠了。

“妈妈，你不舒服吗？”本纹和稚鹤都翻身坐了起来。

“没有。你们睡吧！”

“妈妈，你是担心哥哥……”稚鹤说。

“小孩子家，不要多话！”我厉声说。可是，我听得出自己泪珠“扑嗒扑嗒”落在枕上的声音。

第二天一早，我上街买来全市大小报纸，想得到一点消息。

然而报纸上竟连一点暗示也没有。这批同志的被捕，在社会上引起很大波动，不仅因为他们都是群众运动的领导者，而且还有几个知名的作家。国民党当局对这个案件是很重视的。他们害怕引起群众性的抗议，事出之后，就封锁了一切有关的消息。于是，我把报纸统统塞进了火炉。

事后听说，这批同志被捕，是由于叛徒告密。在老闸捕房关押不久，就引渡到上海公安总局。南京指令“全部就地枪决”。但是由于社会舆论的压力，执行者有些犹豫，借口还得侦讯调查，拖延了几天，又将被捕者解往龙华淞沪警备司令部。

在审讯中，南京又拍来“就地处决”的电报。此后风风雨雨，议论纷纭。有的说把他们装进麻袋，投进了黄浦江；有的说解到南京才砍的头；但是却又有被难者的家属准备去探监。

我心里焦急，却无法去打听消息；工作不允许我暴露自己。我整天脚手不停地忙碌着，自己也不知忙的什么。不知饿也不知渴，嘴唇干得流血，也不觉得。

到晚上，廖似光来说，还有一线希望，组织上正在设法营救。

“有用吗？落在敌人手里，还能活着出来？”说着，我哽咽了。要在感情上接受这个判断是困难的。

“陶大姐，你冷静一些！”廖似光劝慰说。她也很难过。

“是的，我得顶住，”我擦干眼泪，“你知不知道，他们在狱中表现怎样？你不要瞒我，有什么说什么！我打不倒！”

“表现很好……”

在敌人秘密审讯的时候，儿子受尽酷刑，始终没有一句口供。他只说：“我叫杨国华，到远东饭店去找父亲的一个朋友。没有别的可说。”

敌人把一个叛徒招到庭上，叫他指证。

“他叫欧阳立安，”叛徒有气无力地说，“他是上海总工会青工部部长，还是共青团江苏省委委员。在共产党内，是个实力派……”

“无耻!”儿子目光炯炯地斥骂着叛徒。

“那么，你承认自己是欧阳立安，是共产党员了?”法官得意起来，“你还有什么可说?”

“你要听吗?”儿子轻蔑地说，“那我可以告诉你：中国革命一定会胜利，国民党迟早要灭亡！不错，我是共产党员！就是筋骨变成灰，也还是百分之百的共产主义者！我为主义，为人民而死，死而无怨。”

“你年纪轻轻，死了多可惜，”法官扮起伪善面孔，“我想个办法开脱你，只要……”

“你是枉费心机，什么也休想知道!”儿子坚决而严厉地回答敌人。

在这群被捕者当中，儿子是最年幼的一个。敌人欺他没有经验，想从他身上打开个缺口，但终于失败了。

儿子被押进牢房。因为天气很冷，当时我们的济难会买通看守，送进去一批衣服，还送了些钱去。晚间，在黑暗的牢房里，大家聚精会神地讨论这笔钱如何应用。有人主张买日用品，有人主张存起来，以备不时之需。可是立安不同意。

“咱们这些人，是死定了的，说不定就是今天。还管什么冷不冷？依我说，把衣服、牙刷留给判过刑的难友。钱么不如买点酒菜，吃个痛快，就是临刑的时候，唱《国际歌》，喊口号，也有精神！”

这就是我的儿子。无论什么时候，都忘不了斗争。他的话，把难友们都逗乐了。

“言之有理。痛痛快快，喝他一顿，好打最后一仗！”

“再叫个理发师来，把头发理一理！”一向不大开口的胡也频同志也说话了，“就义以后，让反动派拍起照来，也可以更威武一点！”

大家的哄笑，震动了牢狱。守卫赶紧跑来制止。可是谁也不听他的吆喝。管狱的给每个人上了大镣大铐。

二月七日。

深夜，细雨蒙蒙，接着又大雪纷飞。何孟雄没有睡，他安闲地倚在唯一的小窗口下，凝望着灰暗的天空，自言自语道：“又下雪了！”

儿子戴着不习惯的铁链子，蹒跚地走了过去。

“你猜我想什么啦？我原答应稚鹤，春天带他去看桃花，恐怕看不成了。”

这也许是此时他最感遗憾的事吧？

营救并没有结果，从南京拍来第三封“就地处决”的电报，就在那个大雪纷飞，黑暗与黎明交替的时刻，淞沪警备司令部数重铁门突然打开了，大批武装匪兵手里提着马灯，涌进了低矮的牢房。

骚扰惊动了所有的囚人，他们都从地上爬起来，拥挤在狭窄的铁栏面前张望。为首的一个匪官，手里拿着一张名单，沙哑地喊着：“林育南，何孟雄，龙大道，欧阳立安，胡也频……”一共是二十三个人的名字。

黑暗中，不知是谁问：“把我们押解到哪里去？”

“即刻移解南京！”

儿子和难友们锁在一条链子上，被押出了牢房，朝着西北方向走去。漫天飘着鹅毛大雪。他们赤着脚，踏着深雪覆盖的荒地，穿过一座小石桥，来到一条结冰的河边。这里离房舍已经很远了。匪徒们叫他们站下。他们知道作最后一场搏斗的时刻到了，于是，一个个举起手铐向身边的敌人砸去。悲壮的《国际歌》夹杂着“共产党万岁”的口号，淹没在零乱的枪声里。

敌人连发了八十七枪，每个死者，身中数弹。为了掩盖罪行，敌人把烈士们的尸体，埋在荒场上预先挖好的深坑里。由于慌张，连铁链都来不及卸下……

几天中，我顽强地克制自己，不露出悲痛的痕迹，而唯一

的办法，就是沉默。我没有把哥哥牺牲的消息告诉幼小者，免得他们小小的心灵承受过重的创伤。甚至连最狠心的母亲，也不会让孩子去分担她自己的痛苦。然而母亲的感情世界对孩子是没有秘密的，孩子能从每个细小的动作窥出母亲的不幸和忧愁。在我面前，孩子总是避免提起哥哥的名字。姐弟俩老是抢着干活。清晨起来，把玻璃窗、地板，都擦得明明亮亮。可是一看到他们夜间哭得浮肿的眼睛，我的心更加绞痛起来。

我经受过痛苦，但任何痛苦，也不如这次深沉。

同志们安慰我，但任何安慰，也不能减轻母亲的悲哀。

想一想吧，那该是多么残忍的日子。万恶的国民党，杀了人，还不叫死者亲属知道尸体的下落。在漫漫的长夜里，让孤儿寡母受着无穷无尽的精神上的折磨。直到解放以后，上海市人民政府从一个掘墓人那里，才打听到烈士遗骨埋藏的地点。为了纪念这些死去的先烈，就在龙华的草坪上，建立了一座烈士纪念塔，将遗骸移葬在这里，二十三个牺牲者的姓名，都写在碑文上，并且举行了隆重的追悼会。我曾写了一首诗，悼念儿子和他的战友：

烈士牺牲二十秋，永垂不朽精神留。
英雄姓名二十三，忠肝义胆耀人寰。
我儿英勇最年少，才离母怀便战斗。
聪明似父气如虹，誓忠阶级不惜身。

匪帮不敢见天日，半夜囚车出囚室。
枪声歌声振龙华，热血滋养自由花。
血凝滴滴雪花碧，骨列根根如剑戟。
墓园他日来凭吊，我心痛亦我心喜。

十六

我们的处境是越来越艰难了。机关被破坏，同志被捕的事，时有所闻。十一月，一个常来接头的同志突然失踪，组织上让我们立刻转移。

我清理了文件，又把别的东西收拾收拾，装进皮箱，带着两个孩子，避居到福煦路一家旅馆里。准备另租房子，重新开始工作。但是事情还无头绪，组织上来了通知，调我到中央国际事务团去住机关，并且让我把应坚也接出来。

机关设在张家花园一幢三层楼的楼房里。室内全是红木家具，式样考究，看起来很豪华。我的社会身份，是商务印书馆林股东的太太，本纹是小姐，稚鹤是少爷，而应坚却是听差，每天要送少爷上学。负责这里工作的是老沈和老王，他俩住在三楼。本纹住在二楼，我和稚鹤、应坚住在楼下，便于照应门户。

本纹担任交通，她烫了发，涂上口红，穿上颜色鲜艳的旗袍，俨然是富商小姐。她成天出出进进，东奔西跑，把文件送到各个地方。

我在三楼临街的地方，挂上一个“吞口”，这就是我们联系的警号。凡是到机关来的同志，总要先抬头看看，有“吞口”在，就表示平安无事。

但是，刚过一个多月，就发生了意外。

早晨，老沈派交通员老于到中央秘书处去取重要文件。临走时，交代清楚：中午十二点以前要赶回来。既然规定了时间，按地下工作的纪律，就必须严格遵守，否则机关就得迁移。

这天正是元宵节，我们也和普通人家一样，门前挂了彩灯，还特地跑到菜市去买了一只母鸡，给大家改善生活。

吃午饭了，老于还不回来。大家只好先吃。我撕下一只鸡腿，给他留着，又怕凉了，就用小锅盛好，靠在炉子旁边。

一点了，仍不见老于的影子，大家开始焦急了。

“注意，时间过了。”老沈警告说。

“最好先收拾一下，免得措手不及。”我说。

当时的事情是很难预料的。有时候，出去工作的同志遇见敌人跟踪，明明走到自己门前，也不能进去，往往要拐几个弯，绕几个圈才甩掉尾巴。有时候，路上忽然遇见车祸，不能通过，也得绕路，自然不能准时回来。

但也有一种人，贪生怕死，叫敌人抓住，抽三鞭子，压两杠子，骨头就软了。上午还是自己人，下午翻过脸，带着敌人来捉共产党。老于究竟是哪种人呢？

后门有人按铃。

“铃——铃铃——铃——”

是我们预定的信号。

“妈妈，于叔叔回来了！”稚鹤喊着，同时又吩咐应坚：“阿二，开门去！”

“是！少爷。”应坚垂着手，毕恭毕敬回答，果然像个听差。

“等一等！”我从厨房里跳出来。细听铃声，准确无误。心里想：刚才的怀疑是没有根据的。

这时候，稚鹤已经打开门。“嗯啦”挤进来五个黑衣大汉，我一下明白了：“包打听！”

我冲上去，挡住去路。

“你们干什么？”我高声叫嚷着。

为首的包打听，亮出手枪，对准我的胸口。

“不许动！”

我一面挡住楼道，一面向楼上告警：“强盗强盗！”因为我知道老沈和老王在清理文件，本纹也在帮他们烧东西。

“强盗强盗！”我拼命叫嚷。

“不许嚷！”又是一声吆喝。

这声音好熟！猛的，我看清了来人的脸：老于！这该死的东西，把我们出卖了。

匪徒们像老鹰抓小鸡一样，将我母子推搡到厨房里，又把门反扣上。

“强盗强盗！”我一边用力撞门，一边声嘶力竭地叫嚷。

“噔！噔！噔！”一阵楼梯响，匪徒们上楼了。我招呼应坚：两人拿棍子用力撬开门，门口站着一个包打听，把枪一扬说：“进去！”

楼上传来铁器砸门的声音。“哐哐”，门砸开了。“哗啦！”桌子推翻了。“乒乓！”椅子摔过来。“咚咚！”有人在地板上厮打。忽然，又像杀猪似的吼叫起来：“救命！共产党杀人了！”

看守的包打听丢下我们，往楼上奔。

小稚鹤紧紧揪住我的衣角，不住地说：“妈妈！逃吧，逃吧！”

一句话提醒了我。我吩咐应坚说：“你先从大门走，逃脱一个是一个！”

“不！妈妈，要死死在一起！”

天呀！这是什么时候，还那么死心眼儿，我气极了。

“快点儿吧！冤家！要不，一个也逃不掉！”

应坚迟疑地说：“好吧，我去印刷公司。”

从印刷公司出来的时候，他对老板说是回湖南老家看看，现在回去，不会引起怀疑。

突然楼梯又响了，脚步杂乱。一个粗野的声音咒骂着：“他妈的，看你往哪儿跑!”

接着又听见一声狂叫：“哎呀！跳楼了！快抓住他！……”

是谁跳楼了呢？急得我一身汗，我不顾一切地冲出来，两个包打听，正押着老王往后门走。不用说，跳楼的一定是老沈了。

一场骚乱过去了。死一般的寂静。我忽然想起本纹。冲上楼一看，楼上空无一人，桌椅床铺全都打翻，窗玻璃碎了一地。楼上的“吞口”没有了。那么，她也跳楼了吗？

这地方不能久停，说不定敌人还会回来。我拉着稚鹤，紧往外走。机关破坏了，一时，我们成了无家可归的人。到哪儿去呢？身上只剩下几个铜板，而且，现在无论走到哪里，都会连累人。

我领着孩子，穿小巷走着，转过一个路口，突然听见后面有个妇女在喊：“林太太！林太太!”

谁在叫我呢？不管，还是往前走。

“稚鹤！稚鹤!”

不能不回头了。原来是住秘书处时的邻居。我们搬进去那天，还给她送过十个元宝点心。

我连忙和她打招呼：“哦，是张老师。”

她跑过来，亲热地说：“林太太，你们什么时候搬家的？我连晓得都不晓得，后来我也搬了，就老没看见你。你到哪儿去?”

“买点东西，随便走走。”我支吾着。

她把地址和门牌告诉我，让我到她家里去坐坐。我谢谢她的好意。这个时候，哪有心思串门呵！

走来走去，只好找应坚。他回到印刷公司，对老板说，回来的路上叫土匪抢光了。老板信以为真，预支给他一个月的工资，算是特别照顾。老板知道他一向老实肯干，工资又低，丢掉这样的劳动力，未免可惜。

我拿了两块钱，租了一间阁楼。房东是家裁缝店，就住在楼下。阁楼只搭得下一张单人铺板，我和稚鹤半缩着身子，才勉强睡下。屋里放不下别的东西，唯一的一只气炉子，只好放在楼下，做饭、烧水还得爬楼梯。此时此刻，哪有心思过日子，只求有个落脚地方，快些同党联系。

本纹被抓走了。在狱里押了十几天，死活不知。我蓦地想起了张老师，她丈夫是个律师，据平日了解，他们夫妻有正义感，同情共产党的事业。于是我找出那天她开的地址，登门求她保释本纹。

几乎没费什么力气就成功了。当时本纹不满十六岁，本来不够法定年龄，所以好说得多。只找了个酒店的铺保，人就出来了。

那天，她在楼上，被特务打晕过去，扔在墙角里。我上楼去，仓促间，没有发现。我们逃出不一会儿，特务们二次上楼，才把她抓走。

她亲眼看见老沈拿一把椅子抵挡三个敌人。老王掏出一沓钞票，趁空递给为首的包打听，说道："都是自己人，拿去买包烟抽吧。"

"别来这一套!"这个死心塌地的走狗，把钞票打落在地，就要逮人。

五个人扭成一团。本纹赶紧去扯"吞口"，包打听发现了，把她揪下来，摔到地上。

老王和敌人搏斗，受了重伤，老沈从阳台上往下跳，摔断了腿，也被敌人捉住。押到捕房的时候，他们还向本纹说："妹妹，我们要准备牺牲!"

可是不多日子，这两个人竟背弃了自己的誓言，在报上发表了自首书：声明和共产党脱离关系。为了求得一条活命，他们不惜用最卑劣的言辞讨好敌人，诬蔑自己曾经信仰过的真理!

十七

我和党失去联系了。在地下斗争的年代，关系一断，再难接上。警察、密探、叛徒、奸细，四处布下罗网。一不小心，就落入圈套。即使碰巧遇到自己人，不知底细，也不敢相认。

虽说懊丧，我还常在街头徘徊。希望有个偶然的机会，能碰上自己人。奇怪的是，那些游行示威，飞行集会，都从地面消失了，就像有什么恶鬼施展了魔法一样。原来在上海担任保卫中央任务的纠察队长叛变投敌，几乎把全部地下组织一扫光。

夜正长，路也正长……

我不得不挣扎谋生，做杂工，洗衣服，绣手工，过着半饥不饱的日子。一天又一天，一年又一年，像失群的孤雁，在迷雾里冲撞。本纹饿跑了，去了外地。不久，稚鹤也病倒了。肺结核无情地吞噬着年轻的生命。为了去医院看病，我只得把仅有的一条被子卖掉。但是，得来的钱，仅够付门诊费。

正当山穷水尽的时候，忽然峰回路转：抗日战争爆发了。报上登着红军改编为八路军的消息，共产党代表团在武汉设立了办事处。负责人就是周恩来。亲人亲人！我可又找到了你们！

“妈妈，咱们到武汉去！”稚鹤嚷着，“马上走！”

“马上走！”我拿报纸的手在颤动，心也在颤动。我又看看报纸，怕是做梦。

“八一三”以后，上海成了火线。市区炮火连天，军队到处抓夫，真是兵荒马乱。应坚参加了救亡运动。老板借口时局紧张，闭门不接生意。应坚和几个伙伴偷着印抗日宣传品，被老板发觉，把他开除了。一天下午，他背着铺盖卷回到家里。我们母子三个，当天进了难民收容所，开始流浪。

我们随着难民群，从上海乘船，经过香港、广州，到了汉口。有时候走水路，有时候乘火车、搭汽车，搭不上车就开步走。应坚一路拉痢疾，拉得又黄又瘦，腿又长了血疮，走不动，只好拄着一根木棍，我和稚鹤扶着他，一瘸一拐，跟着难民群往前走。人家走得快，我们走得慢，好容易赶上队伍，人家又起程了。

终于到了武汉。也顾不得歇脚，我就扯着两个孩子，去找八路军汉口办事处。我多么盼望早些看见自己的同志！

我们来到八路军办事处，就像到了家，也不打招呼，一直往里走。一个穿灰军衣的人含笑问道：

“你们找谁?”

“我找秦博古同志……”

“他在开会，有什么事跟我说吧。”

一时我不知说什么是好，没头没脑地讲了好多话。那个同志笑了。

“别着急，你先休息一下，我去看看博古同志会开完没有……”

不多时，他从里屋转回来。

“会还没完，他让我接待你。你们过去一起工作过，是吗?……”

“是的!”我又兴奋，又难过，禁不住流出了眼泪。“我可找到了你们!”

我恨不得把这几年积下的苦水，全部倾倒出来。颠沛流离，孤苦无依，在死亡线上挣扎，今天，才回到亲人身边。

“可找到党了！快给我分配工作吧!”我请求着。

“你们真吃了不少苦，总算熬过来了。”这个同志说，“工作问题，同博古同志研究一下再决定。目前环境不同了，搞统一战线，也很复杂。”停一会儿又问：“办事处就要撤到重庆，你可以去吗?”

“我到哪里都行，”我说，“这两个孩子，千万请送到延安去!”

稚鹤听说到他,连忙站起来:“同志,让我去当兵吧!”

“想当兵?”那个同志笑着说,“你多大了?舍得妈妈么?”

“明年就十五了!我是国家的人,怎么舍不得妈妈!”

“明年就十五了!好呵。我们正需要这样的战士!”

于是决定了。小稚鹤先走,到延安抗日军政大学去学习;应坚因为有几个伙伴要一块走,还得等几天。

晚上,怎么也睡不着了,我感到浑身都是力量。我又回到党的怀抱,可以为党工作了!

不久,我来到重庆。组织上让我收藏文件,当保育员。国民党“消极抗日、积极反共”的反动政策,给人民带来了灾难,我在重庆无法立足,不得不撤回延安。

一九四三年六月,我随着八路军办事处的大卡车,离开重庆,到达西安。然后通过一条又一条封锁沟,一重又一重铁丝网,才进入陕甘宁边区。

来到黄土高原,它的空阔、辽远、雄壮,不由不激起你战斗的雄心!更可喜的是,我一到延安就见到了廖似光。她从上海转移到江西中央苏区,经过两万五千里长征,到了陕北。

“你们真狠心哪!”我拉着她的手,嗔怪地说,“不声不响就跑了,也不给我打招呼!”

“我还要找你算账呢!”廖似光嘴头子从不饶人,“我们派人同你联系,你怀疑人家是叛徒,拿把菜刀要砍他。不是腿长,人家就做了屈死鬼啦!”

我想起来，在机关被破坏不久，是有一个穿黑大衣的人，到我住的亭子间来找“姓杨的”。我刚盘问几句，他却慌了手脚，一溜烟跑了。我拿着菜刀，追到巷口，也没追上。

“都成了惊弓之鸟啦!”我说。

“总算都回到家里了!”廖似光愉快地笑着。她穿一身灰军装，打着绑腿，扎着皮带，显得英俊而苗条，比在上海更加标致了。

我又打听两个孩子的下落，她说应坚在中央印刷厂工作。组织上已经通知他，来看望妈妈。

廖似光也不知道稚鹤的消息。我有些沉不住气了，过了两天，自己跑下山，要到部队里去打听，但是半路上邓颖超同志把我拦住了，她说：

“陶承同志，我们始终不敢告诉你，稚鹤在三年以前就牺牲了……”

真是晴天霹雳，把我击晕了！我浑身无力，摇晃了一下，几乎倒下去，大姐赶忙扶住我。她亲切地说：

“想开点吧。人活百岁，终有一死。稚鹤死得光荣，他是在战斗中牺牲的……”

原来，稚鹤在抗大学习的时候，就成为共产党员了。毕业以后，分配到三五九旅政治部当青年股长。他是个活泼的孩子，爱演戏，好唱歌，搞什么文娱活动总少不了他。而每次演戏，总是扮演小姑娘，因此同志们都管他叫“小妹妹”。

那时部队正转战在晋察冀的崇山峻岭间。一九四〇年春天，蒋介石发动了第一次反共高潮，反动军队侵占了我陕甘宁边区五个县城。三五九旅奉令由敌后开回陕甘宁边区保卫党中央。当部队通过同蒲路封锁线的时候，忽然遭到敌人的伏击。

稚鹤战死了。这一年，孩子刚刚十六岁。

我几乎经不住这沉重的打击。同志们为减轻我的悲伤，川流不息地来安慰我，开导我，这使我感到惭愧。

第二天，应坚来了，一见面就跪了下来。

“妈妈，可看到你了……”

他说不下去，放声哭了。正在山上学习的同志，看见我们母子抱头痛哭，也都抹眼泪。

我经历过的苦难，绝不止这一次。过去怎样承担的，现在还要照样承担起来，不能让悲哀打倒！

“这几年，你有进步没有呢?”我问应坚。

“我入党了!”像小学生应考一样回答，他拙于言辞，三言两语就把话说完了。“我一到延安，就进抗大学习。我们的队长是张浩，他说认识你……”

“你小时候跟弟弟抢东西，他还拉过架，就忘了？可惜也见不到他了！……”我又难过起来。

在我来延安前一年，张浩同志逝世了。听说，那年离开武汉去上海，他又到安源参加湖南省委工作，恢复党的组织。因为无处存身，只得削发为僧，潜藏在郊外一座寺庙里进行活动，最后还是暴露了。张浩身披袈裟，手持木鱼，逃出虎口，一路化缘乞讨，跋山涉水，才返回上海，向党中央复命。一九三〇年，他又被派往东北，领导工人运动，因叛徒出卖，又被日本侵略者逮捕。一天当中受刑无数，昏死四次。敌人用尽酷刑，灌凉水，灌辣椒面，灌煤油，缓过气，又扒光衣服，放在地下室冰水里冻，冻死过去，又吊起两个指头……每次苏醒过来，都大骂日本帝国主义；他始终没有承认自己是共产党员，保守了党的秘密。出狱后，他作为中国共产党驻共产国际代表团成员，到了莫斯科。一九三四年十一月，为了同长征到达陕北的党中央取得联系，他又化装成小商贩，穿一件光板羊皮袄，穿过雪虐风狂、人烟稀少的大沙漠，到达瓦窑堡……

这个忠心为党坚忍不拔的好同志，永远离开我们了。可是，他的话我还记在心里："站在高处，才有远景。"在那艰难的日子，他这样开导我；现在这远景活生生呈现在我们面前了。

每当我怀念亲人和儿女们的时候，我总是督促自己，要鼓起勇气，路还远得很，绝不能停下来。如果说，我的家庭曾经遭受过许多不幸，那么，敌人又毁灭过多少个这样的家庭！孩子们付出生命，这是为着更多的母亲不再失去自己的儿女。党抚育了他们，教导了他们，他们并没有辜负这个时代。我应该坚强起来！一个人倒下去，千百万人站起来。现在我们有多么兴旺的革命大家庭啊！